SCHLAGZEILEN 2019

CHRISTOPH MATZL & CHRISTOPH BUDIN

SCHLAGZEILEN 2019

Ueberreuter

Buch und Redaktion: Christoph Matzl & Christoph Budin

Cover: Mag. Barbara Mungenast
Layout: Hermann Müller (Ltg.), Herbert Kocab, Christian Wawra
Bildbearbeitung: Gerhard Mischling (Ltg.), Ulrich Czeten, Ing. Helmut Eisinger, Werner Engelmeier, Richard Holzeis, Christian Krapfenbauer, Elisabeth Polly, Matthias Pospischil, Carola Rakowitz
Archiv: Martin Kriegel
Register: Margit Bandera

1. Auflage 2019

ISBN 978-3-8000-7738-0

Druck und Bindung: Brüder Glöckler GmbH, Wöllersdorf
www.ueberreuter-sachbuch.at

2019

Mut, Haltung, Unabhängigkeit

Wir machen die „Kronen Zeitung" aus dem Gefühl, dass jeder Tag ein neuer Tag für unabhängigen Journalismus ist. So sind wir nicht nur auflagenmäßig den anderen weit voraus, sondern auch was die Glaubhaftigkeit unter allen Tageszeitungen betrifft." Das schrieb der legendäre Herausgeber der „Kronen Zeitung", Hans Dichand, in einer Kolumne am 3. August 2003. Vor allem die Leserbrief-Seiten, das sogenannte „Freie Wort", hat er hervorgehoben, weil „jeder, der zu einer Politik, die nicht alle gutheißen, etwas sagen will und sich von unserer Demokratie ausgeschlossen fühlt, sich seine Kritik vom Herzen schreiben kann. Er spricht völlig unabhängig ein Millionenpublikum an."

Das kann man heute zwar auch über Twitter und andere Social-Media-Dienste machen, aber Glaubwürdigkeit und Unabhängigkeit haben nur wir, weil wir sie uns über viele Jahrzehnte erarbeitet haben. Jeden Tag verteidigen wir dieses hohe Gut aufs Neue. Dem Vermächtnis von Hans Dichand fühlt sich die Redaktion verpflichtet. Unabhängigkeit bedeutet auch finanzielle Eigenständigkeit, und dazu hat die „Kronen Zeitung" trotz eines sich ändernden Marktumfelds noch immer genug Kraft, auch wenn es große und mächtige Gruppen gibt, die sich von der „Kronen Zeitung" ein Stück abschneiden und damit schmücken möchten.

„Krone"-Herausgeber Dr. Christoph Dichand mit den beiden „Schlagzeilen"-Autoren Christoph Budin (li.) und Christoph Matzl.

„Denn wenn uns DAS Medium des Landes pusht, dann manchen wir nicht 27 Prozent, dann machen wir 34 Prozent," meint Heinz-Christian Strache in dem berühmt-berüchtigten Ibiza-Video, wo er es gerne gesehen hätte, dass eine russische Oligarchin die Anteile der „Kronen Zeitung" gekauft und dann mit ihm gemeinsame Sache gemacht hätte. Eine gemeine Falle, in die er da mit seinem Ruderleiberl getappt ist, leider nicht ganz fern der Realität. Durch den Umbruch im Osten und die Politik des billigen Geldes der EZB wurden neue Interessengruppen in die Sphären von Milliardenspekulanten hochgespült, und diese streben nach Einfluss. Aber ein Medium wie die „Kronen Zeitung" ist eben nicht nur ein Wirtschaftsunternehmen. Wir sind mehr, denn wir verbreiten immer auch Information und Meinung.

Dabei sind wir einzig und alleine unserem Publikum verpflichtet. Auf unseren Leserbriefseiten und Internetforen geben wir jedem Einzelnen die Möglichkeit, mit einem großen Teil der Bevölkerung zu kommunizieren. Wünsche und Bedürfnisse nehmen wir auf und verstärken diese - unabhängig von Interessengruppen. So sind wir mit Abstand zur größten Tageszeitung Österreichs und einem gewichtigen Medium in diesem Land geworden. Mit Ihrer Unterstützung, liebe Leserinnen, Leser, Userinnen und User, geht die Redaktion der „Kronen Zeitung" diesen Weg weiter. Denn es gibt eben Dinge, die für Geld nicht zu kaufen sind – unsere Unabhängigkeit.

Dr. Christoph Dichand

Regierung reagiert auf „Krone"-Umweltkampagne ▸ Verbot gilt ab 2020:

Das Aus für Plastiksackerln

Der Monat Jänner beginnt mit schönen Nachrichten von der Umweltseite. Die Bundesregierung reagiert auf die erfolgreiche „Krone"-Kampagne gegen die weltweite Plastikflut und will ab kommendem Jahr sowohl die dünnen Obstsackerln in Supermärkten wie auch die dicken Tragetaschen im Handel verbieten. Traurige Nachrichten hingegen in Sachen Gewalt. Was rund um den Jahresbeginn mit einer Mafia-Hinrichtung unter serbisch-montenegrischen Verbrecher-Clans mitten im Herzen von Wien beginnt, zieht sich in den ersten Wochen des Jahres mit einer Serie an Bluttaten fort. Besonders die seit mehr als einem Jahrzehnt höchste Zahl an Frauenmorden sorgt für Sicherheitsalarm.

Ein Polizei-Absperrband sperrt den Tatort für die Spurensicherung ab. In den ersten Wochen des heurigen Jahres haben die Mordermittler österreichweit jedenfalls alle Hände voll zu tun. Die meisten Opfer in einer ebenso traurigen wie schockierenden Serie von tödlicher Gewalt sind Frauen.

Sondereinsatz für Polizei, Rettung und Feuerwehr am Küniglberg: Im ORF-Zentrum ehren unter anderem „Krone"-Geschäftsführer Gerhard Valeskini (re.) und „Krone"-Ombudsfrau Barbara Stöckl mit Generaldirektor Wrabetz die Helden Österreichs.

Jute- oder Papiertragetaschen sollen künftig Plastik ablösen. Umweltministerin Elisabeth Köstinger setzt ab Anfang 2020 auf umweltbewusstes Einkaufen: „In vielen Lebensmittelketten werden schon jetzt gute Alternativen angeboten. Wir brauchen Einweg-Plastiksackerln einfach nicht mehr."

Sie hat als neue Herrin der Lipizzaner künftig die Zügel fest in der Hand! Managerin Sonja Klima, Ex-Ehefrau des früheren SPÖ-Bundeskanzlers Viktor Klima, übernimmt von Sacher-Lady Elisabeth Gürtler unser UNESCO-Weltkulturerbe Spanische Hofreitschule. Und die passionierte 55-jährige Reiterin will gleich unter anderem mit einer Offensive in den sozialen Medien durchstarten. Der Sommerball Fete Imperiale ist hingegen abgesagt.

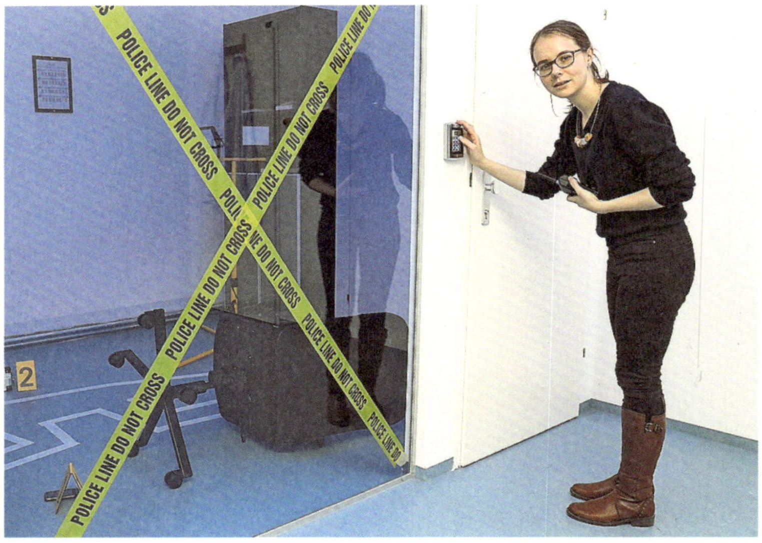

Todesfalle für fünf Schulfreundinnen in Polen

„Escape Room" – das Spiel mit der Gefahr

Der neue Trend „Escape Room" hat auch Österreich erreicht. In Gruppen muss man den Weg nach draußen finden. Doch das Spiel mit der Gefahr wird für fünf Schulfreundinnen in Polen zur Todesfalle. Die Mädchen sterben, als ein Brand ausbricht und sie die versteckte Klinke zur einzigen Fluchttüre nicht finden. . .

„Es ist ein Schock für die gesamte Branche", beschreibt Michael Ginner im Gespräch mit „Krone"-Redakteurin Kathi Pirker die Situation nach den schrecklichen Todesfällen im polnischen Koszalin. Er war österreichweit einer der Ersten, der den neuen Spieltrend mit „Escape Rooms" (auf deutsch Fluchträume) ins Land gebracht hat.

In Österreich sind die Kontrollen freilich viel schärfer. Zudem gibt es im Fall etwa von Panik umfangreiche Einweisungen in diverse Fluchtwege. Telefone, Walkie-Talkies und Kameras in den Räumen sorgen für Sicherheit. Trotz verschlossener Türen kommt bei dem „Krone"-Selbsttest kein ungutes Gefühl auf.

Ⓐ „Krone"-Redakteurin Kathi Pirker beim Selbsttest in Wien. Nur der richtige Code bringt hier die Spieler einen Schritt weiter in die Freiheit.

Tatortexperten und Ermittler in der Brandruine im polnischen Koszalin. In dem verschlossenen „Escape Room" sterben fünf Schulfreundinnen. Ⓑ

Das Traumpaar des Schlagers ist Geschichte! Nach zehnjähriger Beziehung trennen sich Helene Fischer und Florian Silbereisen „im Guten". Die 34-jährige deutsche Sängerin hat auch schon eine neue Liebe: Es handelt sich dabei um ihren Tänzer Thomas Seitel (Bild li.). Der 37-jährige Fernsehmoderator und Schlagersänger muss sich jetzt etwas für sein „Helene-Liebes-Tatoo" am Oberarm (re.) einfallen lassen . . .

Golden Globes als Oscar-Auftakt

Wie alle Jahre wieder sind die Golden Globes in Beverly Hills, Kalifornien, der Auftakt zu den Oscars. Bei der 76. Filmpreisverleihung wird die 71-jährige Glenn Close für ihre Rolle in „Die Frau des Nobelpreisträgers" als beste Hauptdarstellerin ausgezeichnet. Auch Favoritin Lady Gaga (re.) geht mit dem Preis für den besten Filmsong nicht leer aus. Und „Grey's Anatomy"-Star Sandra Oh brilliert als beste TV-Darstellerin in einer Drama-Serie. Fast alle Stars vor die Handy-Kamera bekommt übrigens wieder der Wiener „Krone"-Leser Raimund Aigner. Er ist der Selfie-König des Gala-Abends. Hingucker sind zudem die Roben.

Österreich Öko-Vorreiter neben Italien und Frankreich – Politik setzt Zeichen:

„Schluss mit Umweltbelastung"

Dieses Verbot bewegt das Land! Nach einer Umweltkampagne der „Krone" mit unserer großen Leser-Familie beschließt die Regierung ab 2020 das völlige Aus für Einweg-Plastiksackerln. Die einzige Ausnahme sind biologisch abbaubare Beutel. Rund 7000 Tonnen Plastikmüll können damit auf einen Schlag vermieden werden.

„Neben Italien und Frankreich zählt Österreich damit zu den Vorreitern in punkto Plastiksackerl-Bann", analysiert „Krone"-Politredakteur Klaus Knittelfelder. Nicht zuletzt ein großer Erfolg der großen Leserfamilie. Gelten soll das Verbot dann ab Jänner kommenden Jahres.

Für Kanzler Sebastian Kurz stehen „Einweg-Plastiksackerln für einen verschwenderischen Umgang mit unseren Ressourcen. Diese Umweltverschmutzung wollen wir nun mit einem Verbot stoppen. Auch Umweltministerin Elisabeth Köstinger, von Klimaschützern oft kritisiert, frohlockt: „Das ist ein großer Tag in der Umweltpolitik. In vielen Lebensmittelketten werden schon jetzt gute Alternativen angeboten."

FPÖ-Chef und Vizekanzler Heinz-Christin Strache freut sich indes, „unseren Kindern keine Müllberge zu hinterlassen". Nun sei endlich „Schluss mit dieser sinnlosen Umweltbelastung."

Das Plastiksackerl-Verbot bewegt die „Krone"-Leserfamilie.

⊗ Die schwarze Fahne weht in Krumbach. Der Waffennarr und mutmaßliche Täter Roland H. ⊗ soll die Ex-Geliebte (Foto oben) vor dem Haus mit einem Messer getötet haben.

NÖ: Schock nach tödlichen Messerattacken in Amstetten, Krumbach und Tulln

4 Frauenmorde in 14 Tagen!

Gleich vier Frauenmorde binnen zwei Wochen schockieren Niederösterreich: In Amstetten richtet ein Türke seine Frau mit 38 Messerstichen hin, 24 Stunden später tötet ein Arbeitsloser in Krumbach seine „Ex". Ein Mazedonier ersticht seine Ehefrau und in einem Park in Wiener Neustadt wird eine 16-Jährige erwürgt.

Eine Serie von vier grauenhaften Frauenmorden innerhalb von nur 14 Tagen erschüttert Niederösterreich. In der zweiten Jännerwoche dreht ein Islam-Fanatiker durch, als er erfährt, dass seine Frau, die Mutter der vier gemeinsamen Kinder, ihn verlassen will. Der gebürtige Türke metzelt sie mit einem Messer nieder.

In Krumbach in der Buckligen Welt tötet nur einen Tag später ein 42-Jähriger seine ehemalige Geliebte (50), ebenfalls mit einem Messer.

Und weitere drei Tage danach dürfte ein syrischer Flüchtling (19) – für alle Verdächtigen gilt die Unschuldsvermutung – in einem Park in Wr. Neustadt die 16-jährige Manuela K. erwürgt haben.

Aufgestauter Hass und Wut durch gekränkte männliche Ehre entladen sich eine Woche später in Tulln: Ein 36-jähriger Albaner mazedonischer Abstammung tötet auf einem Supermarkt-Parkplatz seine Ehefrau mit einem Dolch. Die vier Jahre jüngere Mutter seiner beiden Kinder hatte die Gewaltausbrüche ihres Mannes nicht mehr ertragen und wollte sich scheiden lassen. „Das war ihr Todesurteil", wie der Verdächtige später ohne Reue gesteht: „Ja, ich wollte meine Ehefrau aus Rache töten."

Das 16-jährige Opfer Manuela K. bei einer Party mit ihrem damaligen Freund. Das Mädchen wurde in einem Park in Wiener Neustadt vermutlich von ihrem Ex-Freund (19) – es gilt die Unschuldsvermutung – erwürgt.

2018 kassierte jeder Fünfte einen Fleck

Mathe-Matura soll einfacher werden

Schon zu Jahresanfang sorgt die Mathe-Matura für Aufsehen. Nachdem im Vorjahr jeder Fünfte an der schriftlichen Rechenarbeit scheiterte, will Bildungsminister Heinz Faßmann die Textbeispiele schon heuer einfacher bzw. fairer gestalten: „Wir wollen, dass die Schüler nicht Angst, sondern Lust auf das Fach bekommen."

„Für viele Schüler war die Mathe-Klausur im Vorjahr ein Albtraum", bringt Redakteurin Martina Münzer den „Problemfall Mathe" auf den Punkt. Unter anderem waren im ersten Teil der Prüfungen kleine Fallen eingebaut, über die ein Schüler in der Nervosität leicht stolpern kann. Er müsse all jene enttäuschen, die geglaubt haben, die Mathematikmatura werde einfacher, so der Minister. Man habe nach den schlechten Ergebnissen zahlreiche Verbesserungen bei der standardisierten Reifeprüfung vorgenommen, mit deren Hilfe die Mathe-Matura „verständlicher" und hoffentlich auch „besser" gemacht werden soll. Beurteilung und Zeiteinteilung bei der schriftlichen Matura im Mai werden geändert.

„Es geht darum, die Mathe-Beispiele fairer zu gestalten", das kündigt der Minister stolz an.

Staatsverweigerer:

14 Jahre Haft für Hochverrat

Mit hohen Strafen für die Hauptangeklagten endet in Graz der Prozess gegen 14 Staatsverweigerer: Die „Präsidentin" des „Staatenbundes" und ihr Stellvertreter, ein Ex-Gendarm, wurden zu 14. bzw. zehn Jahren Gefängnis verurteilt. Und zwar wegen Hochverrates – erstmals in der Zweiten Republik. „Müssen klares Zeichen setzen", so die Richterin.

Pflegefall nach der OP

Asiat verkauft Niere für iPhone

Wang Shangkun hatte einen Traum: Als Jugendlicher und Sohn einer armen Familie wollte auch er ein iPhone und ein iPad besitzen. Dafür verkaufte er 2011 seine gesunde Niere um umgerechnet 2800 Euro. Jetzt, einige Jahre nach der illegalen Operation, ist der heutige 25-Jährige ans Bett gefesselt. Nur eine regelmäßige Dialyse erhält ihn noch am Leben.

„Holiday on Ice" entführt in der Wiener Stadthalle auf das sagenumwobene versunkene Inselreich Atlantis. 35 Profi-Läufer zeigen spektakuläre Szenen des fantastischen Lebens über und unter Wasser. In 250 handgemachten Kostümen mit 132.000 Kristallen funkeln die Artisten um die Wette. Höhepunkt: Die brennende Stadt versinkt im Eis.

Mit Handy-Ruf in Freiheit getwittert

Ein Handy-Hilferuf aus dem Flughafen-WC im thailändischen Bangkok geht um die Welt. Dadurch gelingt der 18-jährigen Muslimin Rahaf Al-Kunun die Flucht vor einer Zwangsheirat aus Saudi-Arabien. „Man hätte ihr besser das Handy abgenommen als den Reisepass", so bringt ein verärgerter saudischer Diplomat die bewegende Geschichte des Teenagers auf den Punkt. Wie in einem modernen Märchen aus Tausendundeinernacht war es dem Mädchen nämlich geglückt, von Saudi-Arabien nach Thailand (Foto) zu flüchten. Verbarrikadiert in ihrem Hotelzimmer, informierte sie die Welt via Twitter-Handy-Nachrichten und Videos über ihr Schicksal. Kanada gewährt ihr Asyl!

Ganz Spanien zittert zwei Wochen um im Brunnenschacht verschollenen Buben (2)

Langes Bangen um Julen . . .

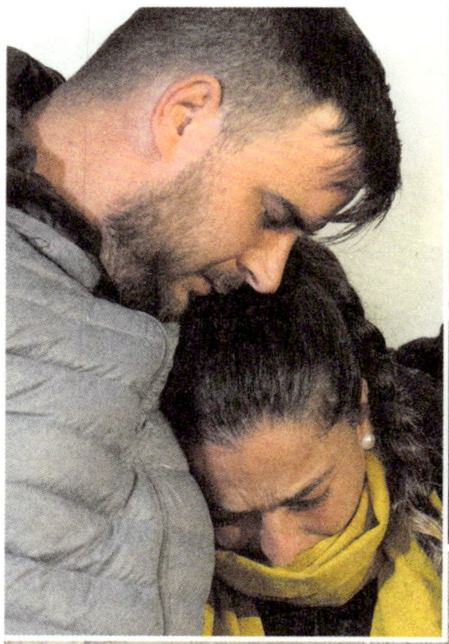

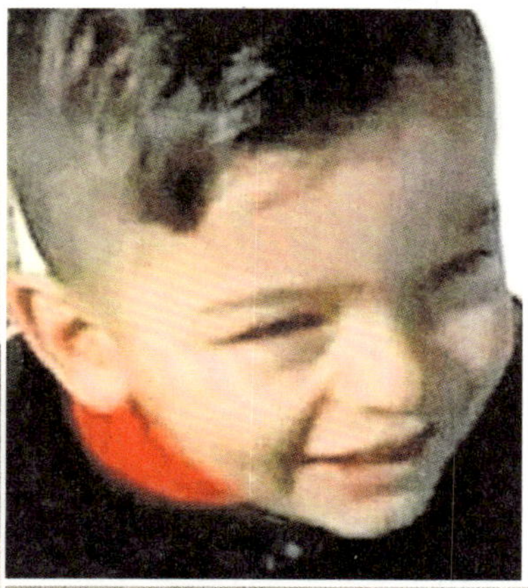

Aus der schlimmsten Befürchtung wird am 26. Jänner traurige Gewissheit: Der seit zwei Wochen in einem offenen Brunnenschacht in Südspanien verschollene Julen ist tot. Die Leiche des zweijährigen Buben wurde nach tagelangen Bohrungen entdeckt. Die Obduktion ergibt: Nach 71 Metern freiem Fall war Julen beim Aufprall sofort tot.

Die Eltern des beim Brunnenunglück verstorbenen Julen (2) im Trauerschmerz vereint. Trotz aller Versuche mit allen technischen Möglichkeiten konnte das Kind nicht mehr gerettet werden.

Der Zweijährige war am 13. Jänner in Totalán bei Málaga in das illegal gegrabene und ungesicherte Bohrloch gestürzt. Die Eltern bereiteten in der Nähe gerade ein Picknick vor.

Hunderte Ingenieure, Techniker, Polizisten und Experten standen nach dem Unglück rund um die Uhr im Einsatz. Man hoffte, den Buben womöglich noch lebend retten zu können. Die Grabungsarbeiten gleichen einem Wettlauf mit der Zeit. Denn immer wieder sorgten geologische Probleme, sprich harte Felsformationen für Verzögerungen.

In der Nacht auf Samstag den 26. Jänner erfolgte dann die traurige Nachricht der spanischen Zivilgarde im Internet: „Leider haben wir es trotz aller Bemühungen so vieler Menschen nicht geschafft . . . Ruhe in Frieden, Julen." Laut Greenpeace gibt es in Spanien eine Million illegaler Löcher wie das, in dem Julien starb.

Britenprinz Philip (97) als „Unfall-Rowdy“

Erst zehn Tage nach seinem schweren Autounfall, bei dem er mit seinem Land Rover den Wagen einer Britin gerammt hatte, entschuldigt sich der 97-jährige Ehemann von Queen Elizabeth II. in einem Brief bei Unfallopfer Emma Fairweather. „Ich möchte, dass Sie wissen, wie sehr es mir für meine Beteiligung an dem Unfall leidtut“, schreibt der Prinzgemahl. Der Vorfall hat kein gerichtliches Nachspiel. Allerdings beschließt Prinz Philip freiwillig, seinen Führerschein abzugeben.

Deep Blue, der größte Weiße Hai

Mit mehr als sechs Metern Länge ist der Koloss, der Tauchern vor der Küste von Mexiko vor die Kamera schwamm, der größte Weiße Hai, der jemals auf Video aufgezeichnet wurde. Der weibliche Hai ist schwanger und wird auf ein Alter von 50 Jahren geschätzt.

Jeff Bezos und Ehefrau Mackenzie: Scheidung nach 25 Jahren

Jeff Bezos (55) bleibt reichster Mann der Erde

Teuerste Scheidung – es geht um 120 Milliarden €

Der reichste Mann der Welt, Amazon-Chef Jeff Bezos trennt sich nach 25 Jahren wegen der Ex-Nachrichtensprecherin Lauren Sánchez (49) von seiner Ehefrau Mackenzie (48). Bei der teuersten Scheidung der Welt und Geschichte geht es um sagenhafte 120 Milliarden Euro.

Schließlich erhält die 48-jährige Mutter seiner vier Kinder rund 3,5 Millionen Euro Abfindung für jeden einzelnen Tag ihrer Ehe. Und sie bekommt rund 25% der gemeinsamen Aktienanteile an Amazon zugesprochen. Wert: 32 Milliarden Euro. Scheidungsgrund ist Ex-TV-Moderatorin Lauren Sánchez (49). Erstaunlich: Jeff Bezos bleibt trotz dieser absoluten Rekord-Scheidung der reichste Mann der Welt. Sein Vermögen wird auf verbleibende satte 98 Milliarden Euro geschätzt.

Terroranschlag auf Hotel: 21 Tote

Bei einem Terroranschlag auf ein Luxushotel in Nairobi (Kenia) liefern die Attentäter der Islamisten-Gruppe Al-Shabaab den Sicherheitskräften ein Feuergefecht. Insgesamt 21 Menschen – darunter sieben Terroristen – sterben. Ziel des Attentats: eine UN-Konferenz.

Tausende Urlauber sitzen in Bergen fest

Schnee-Chaos:

Im Hotel Kirchenwirt in der Ramsau (Stmk.) entgehen 60 Gäste und Bedienstete nur knapp dem Weißen Tod. Minister Kunasek mit Laura (9) und ihrer Mama, die ebenso wie Dutzende Eingeschneite vom Heer ausgeflogen werden.

Canisibus und Kältetelefon als Hilfe für Ärmste

Caritas versorgt Notleidende: Ein ganzer Teller voller Würde

Mit einer berührenden Reportage zeigt „Krone“-Ombudsfrau Barbara Stöckl auf, wie sehr die Caritas in der Kälte oft die einzige Anlaufstelle für Menschen in Not ist. Vor allem der Canisibus, der Suppenbus, der in ganz Wien unterwegs ist, versorgt Frierende mit einem Teller warmer Suppe. „Jeden Abend macht dieser Bus an acht Stationen halt “, berichtet Stöckl. Auch Vinka fährt seit 15 Jahren mit dem Bus. Sie kennt und weiß um die Nöte der Menschen. „Egal wie stark die Suppe gewürzt ist, es wird nachgewürzt“, erzählt sie. Denn viel Pfeffer wärmt. Und wer auf der Straße lebt, spürt auch wenig, nicht nur der Geschmacksinn leidet unter diesem Leben. „Hier sind Menschen am Werk, deren Tun im Leben anderer einen entscheidenden Unterschied macht“, dankt Stöckl der Caritas.

Für viele der täglich bis zu 450 Gäste ist die heiße Suppe die einzige warme Mahlzeit am Tag. Vinka (li.) und „Krone“-Ombudsfrau Barbara Stöckl.

Extreme Lawinengefahr · Leichtsinnige Sportler unterwegs

Retter im Großeinsatz!

Tausende Helfer stehen im Kampf gegen die weißen Massen nahezu den ganzen Jänner über Schneeschaufel bei Fuß. Denn die Winterlast hält das Land in eisigen Klammern. Schneebretter walzen talwärts – während sogenannte Lawinen-Idioten die Hilfstrupps gefährden.

General Winter hat die Skigebiete fest im Griff, ein Ende ist vorerst nicht in Sicht. Immer wieder können nur wackere Freiwillige und Soldaten des Bundesheeres helfen. So etwa werden vom Hochberghaus bei Grünau im Almtal (OÖ) 66 deutsche Skikurs-Teilnehmer ausgeflogen, die seit Tagen ebenso wie 41.000 Urlauber in den Bergen festgesessen waren.

Im steirischen Ramsau wiederum wird ein Hotel von den weißen Massen erfasst. Die Schneewalze bahnt sich ihren Weg durchs Lokal. Die Gäste kommen mit dem Schrecken davon.

Ihren Leichtsinn hingegen bezahlen drei deutsche Tourengeher mit dem Leben. Allen Warnungen zum Trotz fahren sie in Lech am Arlberg (Vbg.) in eine gesperrte Piste ein – ihr Todesurteil!

In der Folge wird der Ruf nach Geldstrafen für ignorante „Lawinen-Idioten" immer lauter. Denn wie „Krone"-Redakteurin Anna Haselwanter einmal mehr aufzeigt, bringen solche Unbelehrbaren die Bergretter oft in Lebensgefahr.

Foto aus dem Jahr 2002 – ein letztes Bildnis der einst so glücklichen Familie des Entertainers

Auch Sohn Michael stirbt unter mysteriösen Umständen

Fluch über Alexander-Clan

Erst kommt Tochter Susanne 2009 bei einem mysteriösen Unfall ums Leben, zehn Jahre später stirbt Peter Alexanders Sohn Michael (56) unter ungeklärten Umständen. Als ob ein böser Fluch über der Familie des 2011 verstorbenen großen Entertainers liegen würde . . .

Als Sänger und Schauspieler versprühte Peter Alexander Lebensfreude. Doch privat war – vor allem in seinen letzten Lebensjahren – nicht alles eitel Wonne. Seine geliebte „Schnurrdiburr", Ehefrau Hildegard, starb 2003 mit 81 Jahren an den Folgen eines Oberschenkelhalsbruchs. Danach zog sich der Entertainer aus der Öffentlichkeit zurück.

Sechs Jahre später der nächste Schickalsschlag: nach einem Autounfall auf der thailändischen Insel Koh Samui muss Alexander seine Tochter Susanne Haidinger-Neumayer (50) zu Grabe tragen. Zwei Jahre später verstirbt der Publikumsliebling im Alter von 84 Jahren selber an gebrochenem Herzen.

Doch selbst acht Jahre danach scheint die Familie nicht zur Ruhe zu kommen: Sohn Michael kommt Mitte Jänner in der Türkei, wo er zuletzt lebte, ums Leben. Der an Diabetes und Epilepsie leidende 56-Jährige wird in ein Spital eingeliefert, besteht auf seine Entlassung und wird wenig später tot in seiner Wohnung aufgefunden.

- Chinas Staatschef Xi Jinping empfängt Nordkoreas Diktator Kim Jong-un enthusiastisch. Er sehe „große Fortschritte" und eine „historische Chance" für eine Lösung des Konfliktes zwischen Nord- und Südkorea.
- Bei der Handelskette Merkur gibt es einen Chefinnen-Wechsel: Kerstin Neumayer geht; Alexandra Draxler-Zima übernimmt mit Vorstand Harald Mießner die Märkte.
- Der Präsident des slowakischen Parlaments, Andrej Danko, hat laut einer Untersuchung 63 von 72 Seiten seiner Doktorarbeit abgeschrieben. Der Politiker denkt aber trotz Aufforderung keineswegs an einen Rücktritt.
- Durch die Ausrufung des nationalen Notstandes per Dekret will US-Präsident Donald Trump den Bau seiner 3144 Kilometer langen Grenze zu Mexiko durchsetzen.
- Aus Rache an ihrer Mutter, die ihnen ein „Handy-Verbot" erteilt hatte, greifen Töchter (12 und 14 Jahre alt) zu Messer und Pistole: Sie töten ihre Mutter (32) in Jackson (US-Staat Mississippi).
- Ein Wiener richtet aus Eifersucht im ungarischen Káptalanfa ein Blutbad an: Der 57-Jährige tötet einen Mann und verletzt zwei Frauen sowie zwei Mädchen schwer, ehe er sich selbst richtet.
- Im US-Staat Illinois prügelt der 19-Jährige Jonathan Fair die Tochter (4) seiner Freundin zu Tode, weil das Kind Saft auf seine Videospielkonsole verschüttet hatte.
- Bewohner von Maryville im US-Staat Tennessee halten die Liebe zwischen Almeda Errell (74) und ihrem Ehemann Gary für skandalös. Denn der 21-Jährige, der die Frau beim Begräbnis ihres Sohnes kennengelernt hatte, könnte ihr Urenkel sein.
- Die Konjunktur-Lok für die Welt der vergangenen Jahre verliert an Fahrt: Laut Pekinger Statistikamt sank Chinas Wirtschaftswachstum im Vorjahr auf 6,6 Prozent. Das ist der tiefste Wert sein 1990. Der Handelskrieg mit den USA schwächt Exporte und Investitionen merklich.

Stil & Frieden sind nicht käuflich . . .

Mut lässt sich nicht kaufen – ebenso wenig wie Geschmack oder gar der Frieden! Auch wenn Kim Kardashian dank selbst inszenierter Auftritte reich wurde, im „Bandage-Kleid“ wirkt sie wie eine Gefesselte des Blitzlichtes. Der Februar im allgemeinen ist zumeist ein Monat des Feierns. Egal, ob beim großen Gewalze des Wiener Opernballs, bei der Oscar-Verleihung in Los Angeles, den Grammy-Feiern oder beim Valentinsorden: Es geht rund! Gleichzeitig tobt im Nahen Osten der blutige Kampf gegen den IS-Terror. Erfreulich: Österreichs Kanzler Kurz wird in den USA vom Präsidenten empfangen.

Abschied vom Modegenie

Trauer um Karl Lagerfeld. Am 19. Februar stirbt die Designer-Ikone nach einer Bauchspeicheldrüsenkrebs-Erkrankung im Alter von 85 Jahren. Lagerfelds Kreationen prägten die Modewelt. Und seine Sprüche – etwa „Der Mode entkommt man nicht. Denn auch wenn Mode aus der Mode kommt, ist das schon wieder Mode“ – provozierten und amüsierten. Sein geschätztes Vermögen von 400 Millionen Euro erben seine Katze Choupette sowie Menschen, die dem globalen Modezaren nahestehen.

Wehrpflichtige oft übergewichtig · Idee: Auch Ausgemusterte als Zivildiener

Schon jeder 4. ist untauglich

Österreichweit herrscht eklatanter Mangel an Zivildienern. Nicht nur die geburtenschwachen Jahrgänge, sondern auch die große Zahl an Untauglichen – fast jeder 4. schafft den Test nicht – sorgen für den Engpass. ÖVP-Vorschlag: Auch Untaugliche sollen Zivildienst leisten dürfen.

Konkret spricht NÖ-Arbeiterkammervize Josef Hager von einer unsinnigen Koppelung der Tauglichkeitsfrage für Zivildiener: „Das muss neu überdacht werden!“ Denn nicht jeder junge Mann, der für den Militärdienst nicht fit sei, sei auch ungeeignet für den Dienst an der Menschlichkeit. „Allerdings müssen auch im Rettungsdienst die Zivildiener geistig wie körperlich voll fit sein“, merkt NÖ-Rotkreuz-Chef Josef Schmoll an, und „dass nicht jeder Untaugliche für den Zivildienst geeignet“ sei. Kurzum, die Tauglichkeitsfrage für den Zivildienst müsse neu geprüft werden.

Exakt 11.155 junge Männer (24%) der 46.519 Wehrpflichtigen hatten sich im Vorjahr der Stellung unterzogen und waren untauglich. Somit fehlen auch immer mehr Rekruten.

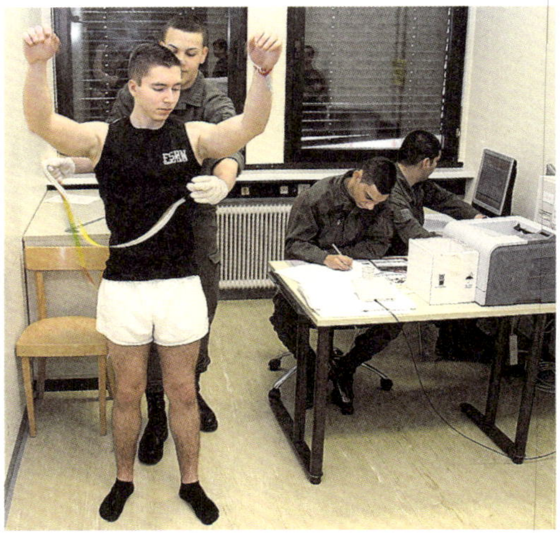

Bei der Musterung ist jeder Vierte untauglich. Somit herrscht nicht nur beim Heer, sondern auch bei den Zivildienern ein eklatanter Mangel an jungen Kräften.

Bild des Monats

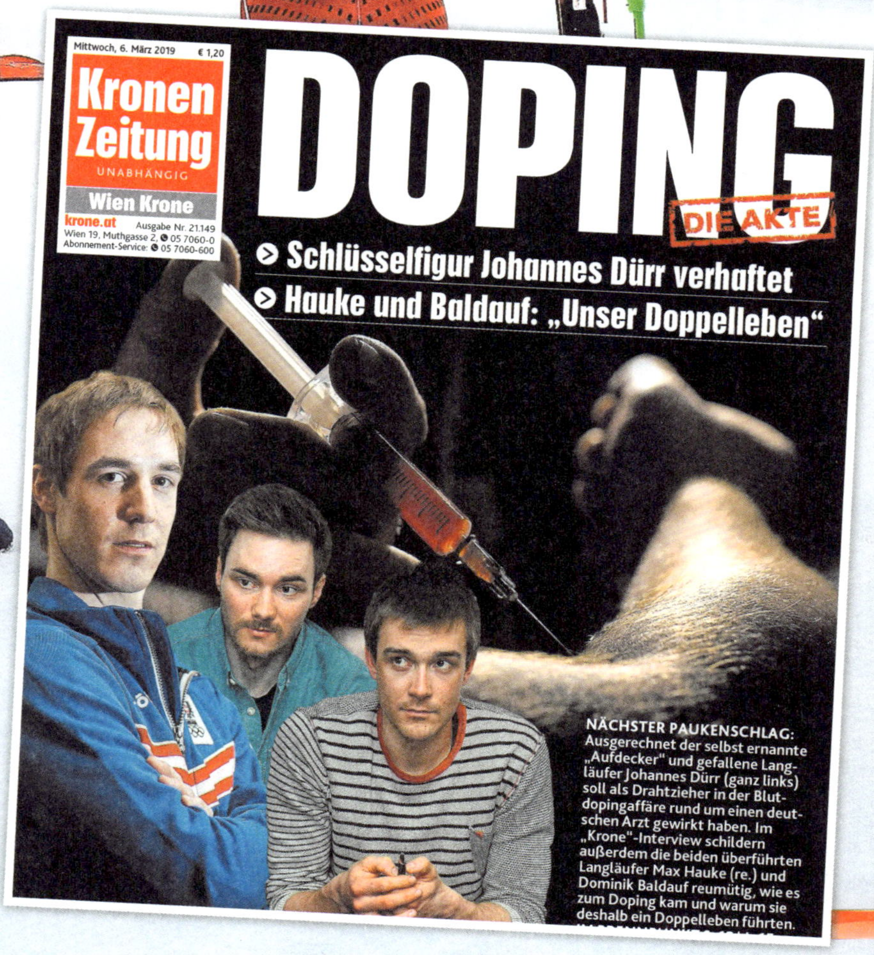
Mittwoch, 6. März 2019 € 1,20

Kronen Zeitung
UNABHÄNGIG
Wien Krone
krone.at Ausgabe Nr. 21.149
Wien 19, Muthgasse 2, 05 7060-0
Abonnement-Service: 05 7060-600

DOPING
DIE AKTE

- Schlüsselfigur Johannes Dürr verhaftet
- Hauke und Baldauf: „Unser Doppelleben"

NÄCHSTER PAUKENSCHLAG: Ausgerechnet der selbst ernannte „Aufdecker" und gefallene Langläufer Johannes Dürr (ganz links) soll als Drahtzieher in der Blutdopingaffäre rund um einen deutschen Arzt gewirkt haben. Im „Krone"-Interview schildern außerdem die beiden überführten Langläufer Max Hauke (re.) und Dominik Baldauf reumütig, wie es zum Doping kam und warum sie deshalb ein Doppelleben führten.

LICHT UND SCHATTEN. Auch wenn der Dreifachtriumph unserer Slalomstars Hirscher, Matt und Schwarz (Bild oben) bei der WM in Åre und der folgende Medaillenregen bei der Nordischen WM in Seefeld mehr als ein Lichtblick für die Ski-Nation Österreich darstellt, so liegt ein Schatten über den strahlenden Siegen: der Skandal um jahrelanges Blutdoping!

Nach dem historischen Triumph lässt sich ÖSV-Präsident Peter Schröcksnadel von seinen Helden in die Luft heben.

Dreifachsieg im Herren-Slalom als Jubel-Abschluss ▸ Ski-Damen: dreimal Blech

Ein triumphales Finale in Åre!

Moment für die Ski-Ewigkeit: 7. WM-Gold! Somit ist Marcel erfolgreichster WM-Teilnehmer aller Zeiten!

MEDAILLENSPIEGEL

nach 11 von 11 Bewerben	G	S	B
SCHWEIZ	2	1	1
NORWEGEN	2	1	1
USA	2	0	2
ÖSTERREICH	1	4	3
ITALIEN	1	1	1
FRANKREICH	1	1	1
SLOWAKEI	1	1	1
SLOWENIEN	1	1	0
DEUTSCHLAND	0	1	0
SCHWEDEN	0	1	0

Unschlagbar ! Die „Gold-Bank“ Marcel Hirscher hat wieder geliefert. Am letzten Tag der Ski-WM im schwedischen Åre erlöst der Superstar mit seinem Slalom-Sieg die Ski-Nation. „Jetzt bin ich entspannt!“, so der frisch gebackene Champion. Mit seinem siebten WM-Gold hat er sogar die Legende Toni Sailer als erfolgreichsten Rennläufer bei Weltmeisterschaften abgelöst.

„Vom Krankenbett zu Silber und Gold. Und das innerhalb von nur vier Tagen. Marcel Hirscher schreibt auch bei der WM in Åre eine völlig verrückte Erfolgsgeschichte, die am letzten Tag erneut hollywoodreif gekrönt wurde. Noch dazu vor seinen Teamkollegen Michael Matt und Marco Schwarz“, so „Krone“-Ski-Experte Alex Hofstetter.

„Jetzt ist der Druck, der auf meinen Schultern gelastet hat, weg! Jetzt kann ich genießen“, jubelt ein überaus glücklicher Marcel (29).

Und da er bisher neben siebenmal WM-Gold auch vier Silberne errungen hat, darf sich der Salzburger „erfolgreichster Rennläufer bei Weltmeisterschaften“ nennen. Bejubelt wird auch der Dreifachtriumph de r Herren: Es ist der erste rot-weiß-rote Trippel-Sieg in einem Slalom bei Titelkämpfen.

Ebenso historisch: Die Bilanz der Damen, die erstmals seit 37 Jahren eine Ski-WM ohne Edelmetall verlassen. Im abschließenden Slalom erringt Katharina Liensberger das dritte Blech für Rot-Weiß-Rot.

Luftsprung der besten Ski-Dame, US-Star Mikaela Shiffrin: Super-G-Gold und Bronze im RS.

Dopingrazzia „Operation Aderlass" Schröcksnadel: „Aus für Langlauf-Trottln!"

Sonnen-WM mit Schattenseiten

Kronen Zeitung SEEFELD EXTRA

BEILAGE MIT ALLEN ERGEBNISSEN ZUR NORDISCHEN SKI WELTMEISTERSCHAFT IN TIROL

AUSGABE 13 | 4. MÄRZ 2019

GLÄNZENDES DUTZEND

Seefeld 2019 TIROL FIS NORDIC WORLD SKI CHAMPIONCHIPS 12 SEITEN SEEFELD EXTRA

DIE SONNEN-WM IST GESCHICHTE! Knapp zwei Wochen Titelkämpfe in Seefeld gingen gestern mit einer norwegischen Sensation im Langlauf-Marathon zu Ende. Ski-Präsident Peter Schröcksnadel zog im großen Interview mit der „Krone" Bilanz. Mit zwölf Medaillen-Gewinnern für Österreich und 200.000 Fans wurde die Heim-WM zum großen Winterfest.

Fotos: EXPA/ Stefan Adelsberger, Christof Birbaumer (8), Andreas Tröster (2), REUTERS (2)

Die bei Sonnenschein eröffnete 52. Nordische Skiweltmeisterschaft im Tiroler Seefeld wird von einer bitterbösen Affäre um Blutdoping überschattet. Mitten während der WM führt die Polizei sowohl in Österreich als auch im deutschen Erfurt Razzien durch und verhaftet neun Personen wegen Blutdoping-Verdacht!

Am 27. Februar klicken für zwei Betreuer und fünf Athleten in Seefeld die Handschellen: Die Österreicher Dominik Baldauf und Max Hauke sowie die Esten Andreas Veerpalu und Karel Tammjärv werden mit dem Kasachen Alexei Poltoranin vorübergehend festgenommen. Zudem verhört die Polizei den deutschen Sportmediziner Mark Schmidt samt Komplizen aufgrund eines Blutdoping-Verdachts.

In der observierten Praxis Schmidts wurden Zentrifugen zur Blut-Manipulation sowie eine Vielzahl an Blutbeuteln sichergestellt. Dann der nächste Knalleffekt: Der selbst ernannte Saubermann Johannes Dürr, der die Affäre ins Rollen gebracht hat, wird in Tirol von seinem Arbeitsplatz in Handschellen abgeführt.

Im Interview mit den „Krone"-Reporterinnen Martina Prewein und Anja Richter gestehen die verdächtigen Langläufer Baldauf und Hauke, dass sie ein Doppelleben geführt hätten: „Uns ist bewusst, dass wir enormen Schaden angerichtet haben. Für den Sport in Österreich und die Heim-WM. Das alles tut uns unheimlich leid, wir entschuldigen uns dafür."

ÖSV-Boss Schröcksnadel ist erbost und poltert im heiligen Sportler-Zorn: „Aus für diese Langlauf-Trottln!"

Sportliche Bilanz: Österreich erobert neun Medaillen, aber keine goldene.

„Krone"-Sportchef Frauneder im Interview mit einem verärgerten, aber zuversichtlichen ÖSV-Chef Peter Schröcksnadel.

Dopingfrei: Philipp Aschenwald, Daniel Huber, Stefan Kraft und Michael Hayböck – mit Mut und Haltung an die Spitze gesprungen

Welle der Empörung, da Bauer wegen Kuh-Attacke 500.000 Bußgeld zahlen soll

Almen sind kein Freizeitpark!

Im Juli 2014 wurde eine deutsche Touristin (45), die mit ihrem Hund auf einer Alm im Tiroler Pinnistal unterwegs war, von einer Kuh attackiert. Sie starb an den Folgen des Angriffs. Ende Februar verurteilt ein Zivilgericht den Bauern dieser Alm zu einer nachträglichen Strafzahlung von knapp 500.000 Euro Bußgeld!

Der Landwirt und seine Kühe auf der Alm: Viehwirtschaft pur – bis zum grauenvollen Unglück

„Strafrechtlich war der Bauer vom Vorwurf der fahrlässigen Tötung freigesprochen worden: Er hatte Warntafeln aufgestellt, doch den gesamten Weidebereich einzuzäunen sei unzumutbar", so „Krone"-Gerichtsredakteurin Gabriela Gödel.

Die Urlauberin war auf dem Weg entlang der Weide unterwegs. Ihr Hund war angeleint – sie hatte die Leine um ihre Hüfte geknotet. Hier erkennt das Gericht an, dass sie als Tierhalterin hätte wissen müssen, dass Mutterkühe auf Hunde reagieren können, und attestiert dem Opfer eine gewisse Sorglosigkeit. Dennoch erfolgt das Urteil gegen den Bauern, das bei Anwälten, Landwirtschaftskammern und Tourismusverbänden Unverständnis hervorruft. Der Versicherungsschutz für Tierhalter wird ausgebaut. Agrarministerin Elisabeth Köstinger: „Unsere Almen sind kein Freizeitpark!"

4 Preise für „Bohemian Rhapsody" „Green Book" bester Film

Oscar-Gala ohne Moderator

Die Oscar-Gala 2019 startet zwar mit einer fulminanten Show-Einlage von Queen mit „We Will Rock You", geht heuer aber ohne Moderator, ohne echte Höhepunkte und leider auch ohne überragende Gewinner über die Bühne. Der Queen-Film „Bohemian Rhapsody" erobert mit vier Auszeichnungen (Hauptdarsteller, Schnitt, bester Ton, bester Tonschnitt) wohl die meisten Oscars, doch zum besten Film wird „Green Book" gekürt. Zudem erhält der Streifen die Auszeichnung „bestes Originaldrehbuch".

Erfolg für Österreich: Die Salzburger Designerin Julia Körner kreierte die 3-D-gedruckte Krone von Angela Bassett in „Black Panther" und Dr. Bernd Bickel gewinnt einen Oscar in der Kategorie „technische Verdienste".

Gewinner-Quartett der Schauspieler (v.li.): Rami Malek (Bohemian Rhapsody), Olivia Colman (The Favourite), Regina King (If Beale Street Could Talk) und Mahershala Ali (Green Book). Für Österreich erringt Prof. Bernd Bickel (re.) den Oscar für „technische Verdienste."

Trump mag den jungen Kanzler . . .

„Sie sind ein junger Mann, was ziemlich gut ist", sagt der 72-jährige US-Präsident Donald Trump zu Kanzler Sebastian Kurz (32) und lobt das schöne Österreich beim ersten, betont freundlichen Aufeinandertreffen im Oval Office des Weißen Hauses. Im Gespräch macht Kurz dann bald klar, dass er die Beziehungen zu den USA weiter verbessern will.

Nur 4 Monate Haft für Vergewaltiger · Opfer (14) fassungslos

Schock nach mildem Urteil

„Sie haben mir die Kindheit geraubt", so bringt die Vierzehnjährige ihr Martyrium auf den Punkt. Das Mädchen wurde im Lift eines Wiener Wohnhauses vergewaltigt und dabei gefilmt. Doch der Täter erhält für das Sex-Verbrechen lediglich vier Monate Haft!

„Vergewaltigt, gefilmt und mit dem Video im Internet bloßgestellt", fasst Redakteurin Sandra Ramsauer das Leid der Schülerin zusammen. Denn ihr Mitschüler und Nachbarsbub (14) wollte erleben, was er in Gewaltpornos zu sehen bekam. Das Mädchen wurde in einen Lift gezerrt. „Eine halbe Stunde lang sind sie mit mir rauf und runter gefahren", erzählt sie. Ihre Angst, ihre Schreie, ihr Schluchzen spornen den Vergewaltiger offenbar an.

Ein Freund filmt das Sex-Drama. Doch in einem Aufreger-Urteil erfahren der Peiniger und sein Komplize Milde! Anwalt Dr. Alfred Boran plädiert an die Stadt, einen unbürokratischen Umzug zu ermöglichen. Stadträtin Kathrin Gaál (SPÖ) erwirkt den Wohnungswechsel.

Staranwalt Alfred Boran und Redakteurin Ramsauer im Gespräch mit Mutter & Tochter.

Klartext

KURT SEINITZ

Und was hat es gebracht?

„Diese Art der Anerkennung bekommen Führer kleiner Länder fast nie", wundert sich die New York Times. Was ist das Rätsel, dass sich zu Kanzler Kurz eine Stunde lang der Präsident, der Vizepräsident, der Außenminister, der Energieminister etc. hinsetzten?

War es Neugierde auf den „Jungen" aus Europa? Hatten gute Geister plötzlich das (verdiente) Interesse an Österreich wecken können?

Der talentierte US-Botschafter in Österreich, Trevor Traina, meint: „Trump sprach mit dem Kanzler, als ob er mit Europa spräche. Er wollte Kurz sein (schwieriges) Verhältnis mit der EU darlegen. Er hat Kurz gegenüber seine Wünsche zum Ausdruck gebracht und hofft, dass der Kanzler Antworten organisieren kann."

Trump und seine Mannen zeigten Kurz im Weißen Haus das Damoklesschwert des Handelskrieges, das sie drohend über Europa halten. Und sie wissen auch, dass Kurz in Europa gut vernetzt ist. Wollen sie ihn zum Anti-Merkel aufbauen?

Kurz hat den Eindruck gewonnen, dass Trump die Verhängung von Autozöllen in den Fingern juckt, dass er aber bei einem guten Deal davon noch ablassen würde.

Der Kanzler hatte sich vor dem Besuch mit Juncker abgesprochen, und er wird sich jetzt mit Juncker absprechen. An den Einschätzungen von Kurz wird Brüssel ausloten, wie Trump & Co. zu begegnen ist, um Schaden (für beide Seiten!) noch abzuwenden.

Sollte es im Weißen Haus die Devise „Kurz statt Merkel" geben, so würde das die Zwistigkeiten innerhalb Europas aber nur noch vertiefen.

Mit dem Karl-Valentin-Orden wird Österreichs „Lausbua in der Lederhosen", sprich AlpenRock'n'Roller Andreas Gabalier, von der Münchner Faschingsgesellschaft Narrhalla ausgezeichnet. Kritikern, die ihm den bayerischen Orden nicht gönnen, richtet der Superstar schmunzelnd aus: „Wenn alle Leute so tolerant wären wie ich, ich glaube, dann hätten wir auf der Welt überhaupt keine Sorgen."

Bruchpilot aus dem See gerettet

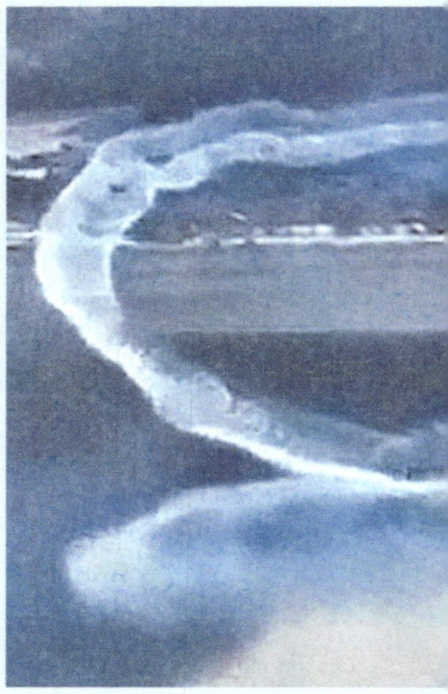

Schrecksekunden für den Kunstflugpiloten Richard S. (44) bei einer Show im Salzkammergut. Während eines Tieffluges über den Wolfgangsee setzt plötzlich der Motor seiner Maschine aus. Das teils hölzerne Leichtflugzeug schlägt auf der Wasseroberfläche auf (re.) und treibt nur 200 Meter vom legendären Hotel „Zum Weissen Rössel" entfernt im See. Der Oberösterreicher wird nahezu unverletzt gerettet.

„Baby-Swing-Yoga": Kinder werden durch die Luft geworfen.

Völlig absurde Praxis soll Kleinkinder stärken

Baby-Swing-Yoga: Warnung vor dem gefährlichem Trend

„Baby-Swing-Yoga", ein neuer Trend, der angeblich zur Fitness von Kleinkindern beitragen soll, wird heftig umstritten. Während es in Russland legal und sogar weit verbreitet ist, Babys durch die Luft zu werfen und wieder aufzufangen, greift man in Malaysien hart gegen eine derartige „Gefährdung von Kindern" durch. So wird in Kuala Lumpur ein Russe verhaftet, der sein vier Monate altes Baby auf offener Straße an den Füßen um sich herumgeschwungen hat.

Hat syrische Offensive blutige Folgen

Warnung vor

Der Islamische Staat (IS) steht Mitte Februar sowohl in Syrien als auch im Irak vor dem endgültigen Fall. Doch wie „Krone"-Redakteur Klaus Loibnegger im Gespräch mit Experten aufdeckt, mag der IS zwar territorial besiegt sein, doch die drohende Terrorgefahr ist für Europa noch lange nicht gebannt – im Gegenteil!

„Ihr Land ist weg! Der IS ist besiegt." Stolz verkündet US-Präsident Trump den Sieg über die Terrormiliz in Syrien. Nach heftigen Kämpfen um die letzte Bastion des Islamischen Staates – dem am Euphrat, an der Grenze zum Irak liegenden Dorf Baghuz: ein mit hohem Blutzoll errungener Sieg gegen das Kalifat.

Ob Sabina (li.) aus Wien noch lebt, ist ungewiss. 2014 ging sie mit Freundin Samra zum IS nach Syrien. Laut Zeugen wurde Samra totgeprügelt.

für Europa? Laut Zeugen wurde Wiener Schülerin von Islamisten totgeprügelt

geschlagenen IS-Terroristen

Gleichzeitig warnen Anti-Terror-Experten wie der Interpol-Direktor Jürgen Stock: „Wir sprechen von ISIS 2.0! In den kommenden zwei Jahren wird die Terrorbewegung eine Wiederbelebung starten.“ Denn viele Terroristen, die weltweit in Haft genommen worden sind, werden in den nächsten Jahren wieder freigelassen. Und Gefängnisse sind oft der Nährboden für weitere Radikalisierungen und Orte, an denen IS-Kämpfer Kontakte knüpfen können. Der Tunesier Abdel Kadr befürchtet: „Die Miliz hat in den letzten Jahren Europa mit Selbstmord-Attentätern infiltriert. Todesschwadronen mit bis zu 1000 Personen dürften im Moment nur darauf warten zuzuschlagen.“

Indes scheint es traurige Gewissheit: Die Wiener Schülerin Samra K., die sich 2014 gemeinsam mit Freundin Sabina dem IS angeschlossen hatte, wurde nach einem Fluchtversuch vor den Augen anderer Frauen totgeprügelt. „Als Abschreckung“, wie eine weitere IS-Braut im Interview bestätigt.

Der Treck der geschlagenen IS-Terroristen: Dschihadisten ergeben sich den Syrern. Doch im Untergrund trainieren bereits ihre Nachfolger.

Als Königin der Liebesromane wird Rosamunde Pilcher in die Literaturgeschichte eingehen. Die britische Bestsellerautorin – von Queen Elizabeth II zum „Officer of the British Empire“ ernannt – stirbt im Alter von 94 Jahren. Pilcher gilt als Meisterin der Liebesschnulzen. Bereits mit 18 Jahren schrieb sie erste Kurzgeschichten. Weltweit hat sie bislang mehr als 60 Millionen Bücher verkauft. 144 von ihr erschiene Geschichten wurden vom ZDF verfilmt.

Alles Walzer

Gewohnt traditionell: das Ballett

Gewohnt provokant: Conchitas Outfit

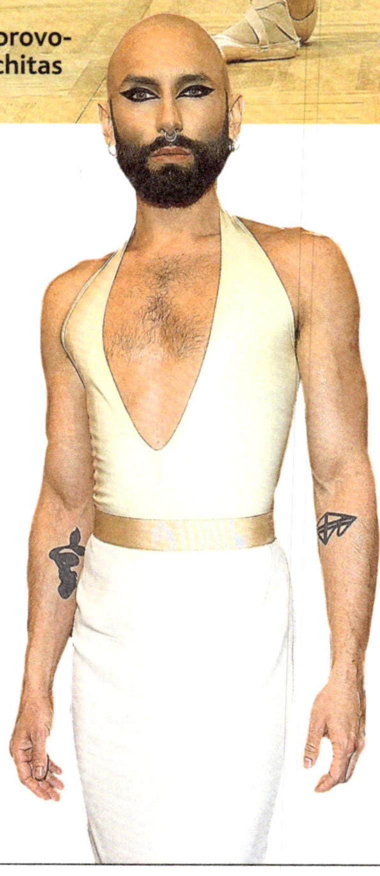

Im Rahmen des 63. Wiener Opernballes feiert die Staatsoper ihr 150-jähriges Bestehen.

Für manche ist's die Kür oder die Pflicht. Für andere ist der Opernball ein Laufsteg, der Schauplatz der Eitelkeiten. Es gibt vielerlei Motive, warum Reich und Schön und diejenigen, die mitunter nur so tun, dort antanzen. Doch in der 63. Auflage des Staatsgewalzes gibt es einen wahren Grund zum Feiern: Die Wiener Staatsoper kann sich heuer über ihr 150-jähriges Bestehen freuen.

„Oper wird man mit Sicherheit auch noch in 150 Jahren spielen. Es wird Schwankungen geben. Aber wenn es gut gemacht ist, wird das Publikum kommen", so Direktor Dominique Meyer bei seinem letzten Ball als Herr im Ersten Haus am Ring. Mit Organisatorin Maria Großbauer lotst er Weltstar Anna Netrebko samt Ehemann Yusif zur Eröffnung. Bundespräsident Alexander Van der Bellen lud Aktivistin Auma Obama ein, Halbschwester von Ex-US-Präsident Obama, und philosophierte: „Mit dem Ball hat Österreich eine Marke in der ganzen Welt etabliert. Vielleicht ein k. u. k-Relikt. Aber es ist schöne Tradition!"

Wo er recht hat . . .

€ *Tische, Logen, Eintrittskarten*

Eintrittskarte
315 Euro

Tisch (6. Stock, 2 Personen)
ab 210 Euro

Bühnenlogentisch (8-10 Personen)
11.500 Euro

Bühnenloge (maximal 6 Personen)
ab 13.300 Euro

Rangloge (maximal 12 Personen)
ab 23.600 Euro

1,1 Millionen Euro Gewinn *lukriert die Staatsoper durch das Fest*

K. Gergely L. Bachmann N. Schenz M. Pribil S. Schwarzjirg

Adabei
auf dem Opernball

„Operngucker" Richard Lugner und Stargast Elle Macpherson

Präsident Van der Bellen mit Gattin Doris Schmidauer und Auma Obama

Fröhlich und verliebt: Anna Netrebko und Yusif Eyvazov

Bundeskanzler Sebastian Kurz kommt mit seiner Lebensgefährtin Susanne Thier

- Mit mehr als 261.500 Maschinen, die im Vorjahr abgesetzt wurden, hat die oberösterreichische KTM-Gruppe erstmals die US-Kultmarke Harley Davidson (230.000) überholt. Weltweiter Marktführer bleibt Honda.
- Großes Hundeverbot im Iran: Eine neues Gesetz verbietet die Vierbeiner nun auf Straßen und im Auto. Teherans Polizeichef Hossein Rahimi: „Hunde können Angst und Panik auslösen!" Konservative sehen zudem die Gefahr, dass Hundebesitzer ihre Tiere mehr lieben könnten als ihre Ehefrau(en) und Kinder.
- Nächstes blutiges Kapitel in der tödlichen Fehde zweier Balkan-Clans: Nach dem Schussattentat mit einem Toten in der Wiener City kurz vor Weihnachten kommt es in Montenegro zu einem Racheakt. In Podgorica wird ein Bandenmitglied mit einer Autobombe in die Luft gejagt.
- Sensationsfund in Ägypten: Forscher entdecken südlich von Kairo einen archäologischen Schatz. Sie legen 40 gut erhaltene Mumien aus byzantinischer Zeit frei.
- Pädagogin Susanne Wiesinger, die mit ihrem Buch „Kulturkampf im Klassenzimmer" schonungslos die Integrationsprobleme in Schulen aufzeigte, tritt ihren Dienst als Leiterin der neu geschaffenen Ombudsstelle für Wertfragen und kulturelle Konflikte an.
- Die Sportwelt trauert um einen der größten Skispringer aller Zeiten: Matti Nykänen stirbt im Alter von 55 Jahren. Nach seinen vier Olympiasiegen und sieben WM-Titeln hatte der alkoholkranke Finne immer wieder für handfeste Skandale gesorgt.
- Auch nach mehr als 600 Folgen ist kein Ende in Sicht: Die Zeichentrickserie „The Simpsons" wird um eine 31. und 32. Staffel verlängert. Sie ist somit die am längsten laufende Serie mit eigenem Drehbuch in der US-Geschichte.
- Das in Innsbruck von Hermann Gmeiner gegründete SOS-Kinderdorf feiert sein 70-Jahr-Jubiläum. Mittlerweile sind die SOS-Helfer weltweit in 135 Ländern tätig.

Weltweite Protestbewegung erfasst auch Österreich

Die Jugend steht auf: Demos für das Klima

„Fridays for Future" nennt sich die neue, von der 16-jährigen schwedischen Klima-Aktivistin Greta Thunberg inspirierte Protestbewegung im Kampf gegen die Erderwärmung. Auch in Österreich gehen Tausende Schüler auf die Straße. Nach den bunt-friedlichen Bildern aus vielen Metropolen weltweit schocken dann Fotos vom anderen Ende der Welt. In der neuseeländischen Stadt Christchurch richtet ein Rechtsextremer in zwei Moscheen ein Blutbad an. Bei dem Anschlag sterben 50 durchwegs muslimische Menschen. Wie sich herausstellt, gibt es auch einen Österreich-Bezug. Der spätere Attentäter reist durch unser Land, zudem spendet der Serien-Killer an die „Identitären-Bewegung" in Wien.

In der umstrittenen Dokumentation „Leaving Neverland" von Regisseur Dan Reed im US-Fernsehen beschuldigen James Safechuck und Wade Robson (im Bild als Kind mit dem damaligen Pop-Superstar) Michael Jackson knapp zehn Jahre nach seinem Tod erneut des mehrfachen Missbrauchs. Jacksons Nachlassverwalter wehren sich vergeblich gegen die Ausstrahlung und klagen darauf den amerikanischen Sender HBO auf 88 Millionen Euro Schadenersatz.

Jonas und der Wal – Foto geht um die Welt

Nach dem zweiten Absturz binnen weniger Monate bleibt das Aushängeschild des amerikanischen Luftfahrtriesen Boeing, die „737 MAX", auf dem Boden. Der Konzern muss bei den Unglücksmaschinen einen Fehler in der MCAS genannten Steuerungssoftware, die eigens für Boeings Neuauflage der 737er-Reihe entwickelt wurde, eingestehen. Das Warnsystem drückt die Nase des Fliegers Richtung Boden.

Diese Sensationsaufnahme des steirischen Fotografen Heinz Toperczer (kleines Bild) geht um die Welt und weckt Erinnerungen an die biblische Geschichte um Prophet Jona, der vom Wal verschluckt und wieder ausgespuckt wurde. Genau das passiert nun einem Taucher vor der Küste Südafrikas. Wie durch ein Wunder bleibt der Deutsche bei dem spektakulären Zwischenfall mit einem Brydewal, der ihn offenbar mit kleinen Schwarmfischen als Beute „verwechselt" hat, unverletzt. Hochseetaucher Heinz Toperczer, der bei der Expedition am Meer eigentlich Sardinen ablichten will, drückt genau in diesem Moment auf die Kamera.

Die ewig junge Barbie feiert den 60. Geburtstag (links die erste Figur aus dem Jahr 1959) ganz ohne Falten. Barbara Millicent Roberts, so ihr ganzer Name, begleitet als Puppe Generationen von Mädchen. Mit Kopftuch oder Afro, kurvig (Bild li.) oder klein – mittlerweile gibt es Barbie beinahe in allen Facetten. Aber eines fehlt, und das nach 60 Jahren: Lach- oder Altersfalten, graue Haare oder Cellulite an den Beinen. Nicht nur die widernatürliche Figur des Spielzeugs von US-Hersteller Mattel sorgt immer wieder für Schlagzeilen, sondern auch die Rolle als makellose Frau.

Jungfernfahrt nach drei Jahren Warten: Michael Hausberger hat bereits 2016 als einer der ersten Österreicher das Tesla Model 3 reserviert – jetzt endlich bekommt der Tiroler den US-Elektroflitzer ausgeliefert. Motorredakteur Stefan Burgstaller war mit dabei. Auch das neue „Krone"-Magazin (rechts) widmet sich alternativen Antrieben.

Querschüsse von Genossen:

Standpauke von SPÖ-Parteichefin

Es ist keine Wohlfühlveranstaltung! SPÖ-Chefin Pamela Rendi-Wagner nutzt den Tiroler Parteitag, zu dem sie eigentlich gar nicht kommen wollte, um den roten Genossen ungewöhnlich scharf ins Gewissen zu reden. Sie tadelt, sie mahnt, sie weist die Parteikollegen wegen Querschüssen gegen die sozialdemokratische Parteilinie aus den eigenen Reihen – besonders des designierten burgenländischen Landeshauptmanns Hans Peter Doskozil – zurecht: „Lassen wir das doch sein. Es hilft uns nicht weiter." Man dürfe sich nicht in interne Debatten verstricken, sondern müsse Problemlösungen für die Menschen bieten. Pamela Rendi-Wagner betont aber auch, dass sie auf den Rückhalt der Partei angewiesen sei: „Ich brauche euch."

Radios streichen Songs von Michael Jackson

Missbrauchsvorwürfe gegen „King of Pop"

Der „King of Pop" steht erneut im Mittelpunkt eines Missbrauchs-Skandals. Zwei erwachsene Männer erheben in einer TV-Dokumentation schwere Anschuldigungen, als Kinder auf der Neverland-Ranch Opfer von Sex-Übergriffen geworden zu sein. Radiosender nehmen daraufhin Michael-Jackson-Songs aus dem Programm. Der Musik-Superstar kann sich nicht mehr wehren, er ist seit zehn Jahren tot.

Neue Beweise liefert der Film nicht. Auch verurteilt wurde Jackson trotz auch anderer Vorwürfe nie. In der Doku erzählen James Safechuk (41) und der heute 36-jährige Wade Robson jedenfalls schockierende Details über angebliche Serien-Übergriffe im Kindesalter auf der berühmten Neverland-Ranch von 1988 bis 1992.

Im Vorfeld der deutschen Fernsehausstrahlung muss Regisseur Dan Reed aber einen schweren Fehler einräumen. Ein Raum des Bahnhofes, wo Safechuck im Alter von sieben Jahren missbraucht worden sein will, wurde erst 1993, also ein Jahr später, hinzugebaut...

Die schweren Vorwürfe gegen ihr Idol sorgen in weltweiten Internet-Foren für einen Sturm der Entrüstung. Star-Moderatorin Oprah Winfrey und die beiden Männer erhalten Todessdrohungen.

Die Neverland-Ranch (re.). US-Starmoderatorin Oprah Winfrey im Gespräch mit Robson und Safechuck.

Erschreckende Bilder: Überall Trümmer (li.) der abgestürzten Boeing der Ethiopian Airlines, am Boden ein Riesen-Krater.

157 Opfer ▸ Auch drei heimische Ärzte sterben bei Boeing-Absturz in Äthiopien:

Luftraumsperre für Todesflieger

Absturz-Drama um drei österreichische Ärzte im fernen Afrika: Eine Boeing 737-800MAX der Ethiopian Airlines mit den drei heimischen Medizinern an Bord zerschellt nach dem Start. 157 Menschen sterben. Weil offenbar eine fehlerhafte Steuerungssoftware das Unglück auslöst, sperrt Europa den Luftraum für den Todesflieger!

Die drei aus Wien, Niederösterreich und Oberösterreich stammenden Fachärzte, die an Spitälern in Linz und Steyr arbeiten, sind unterwegs auf die Trauminsel Sansibar. In dem dort von einer Österreicherin geleiteten Spital wollten sie für ein Hilfsprojekt arbeiten. „Doch der Flug von Addis Abeba endet schon zehn Minuten nach dem Start in einer Katastrophe“, schildert „Krone“-Redakteur Florian Hitz.

Die mit 149 Passagieren und acht Crew-Mitgliedern besetzte Maschine zerschellt rund 62 Kilometer südöstlich der Hauptstadt und hinterlässt einen Riesen-Krater. Für alle Menschen an Bord kommt jede Hilfe zu spät.

Untersuchungen ergeben, dass offenbar – so wie bei einem Absturz des gleichen Boeing-Typs im Oktober 2018 in Indonesien – die Steuerungssoftware schuld ist. Diese drückt automatisch im eigentlichen Steigflug nach dem Start immer wieder die Nase des Flugzeugs gen Boden. Nach der Unglücksserie bleiben die Todesflieger vorerst zuminest bis zum Herbst am Boden: Österreich und Europa sperren den Luftraum!

Deutsche Stadt zwangsversteigert Hund:

Mops-Pfändung „ungesetzlich“

Die deutsche Stadt Ahlen sorgt für internationale Schlagzeilen, weil sie Mops „Edda“ wegen hoher Schulden einer Familie bei der Kommune gepfändet und auf eBay versteigert hat. Dazu stellt das nordrhein-westfälische Innenministerium klar, dass die Pfändung des Hundes „ungesetzlich“ sei.

In diesem Wiener Gemeindebau wird der Terrorverdächtige verhaftet. Er gesteht Attentate auf ICE-Züge. Das Bekennerschreiben führt auf seine Spur.

Iraker hat deutsche Hochgeschwindigkeitszüge im Visier:

IS-Terrorist plant in Wiener Gemeindebau Zug-Anschläge

Von einem Wiener Gemeindebau aus soll ein fünffacher irakischer Familienvater (42) Anschläge mit Stahlseilen auf ICE-Hochgeschwindigkeitszüge in Deutschland geplant haben. Neben den Tatorten werden auch eine Flagge der IS-Terrorgruppe und ein zweiseitiges Bekennerschreiben auf Arabisch gefunden.

Darin wird mit weiteren Angriffen auf das europäische Bahnnetz gedroht – solange die Terrororganisation Islamischer Staat bekämpft wird. Nach seiner Verhaftung spricht der anerkannte Flüchtling und Mitarbeiter einer Security-Firma mit Zugang etwa zu Fußballstadien in den Einvernahmen durch Beamte des Landesamtes für Verfassungsschutz und Terrorismusbekämpfung (LVT) freilich nur von einem „politischen Statement gegen Deutschland". Und er betont: „Ich bin kein Terrorist!" Wie „Krone"-Ressortchef Christoph Budin aufdeckt, war man dem 42-jährigen Verdächtigen durch ein vergessenes Bekennerschreiben in einem Copy-Shop am Wiener Westbahnhof auf die Spur gekommen.

Laut Staatsanwaltschaft Wien verhinderte nur ein technischer Fehler eine Katastrophe mit unzähligen Opfern. Auch die Ehefrau wird verhaftet, ihre DNA ist an den Anschlagsorten.

Attentäter filmt

50 Tote

Furchtbarer Angriff auf zwei Moscheen beim Freitagsgebet in der neuseeländischen Stadt Christchurch: Der rechtsradikale Attentäter Brenton Tarrant (28) feuert wild um sich – im Kugelhagel sterben 50 Muslime. Das Blutbad filmt der Serien-Killer mit und streamt es live auf Facebook.

Tarrant ist ein australischer Rechtsextremist. 17 Minuten lang filmt er sein Morden. Mit den Worten „Lass die Party beginnen", startet die unfassbare Aufzeichnung. Der Attentäter trägt eine schusssichere Weste. Automatische Waffen und Magazine hat er vollgekritzelt mit Namen früherer Militärvertreter, die Muslime getötet haben. Darunter auch Feldmarschall Graf Ernst Rüdiger von Starhemberg mit dem Zusatz „Vienna 1683" als Anspielung auf die Zweite Türkenbelagerung.

„Das war der dunkelste Tag unserer Geschichte", sagt Neuseelands Regierungschefin Jacinda Ardern, die aus Solidarität ein Kopftuch trägt, geschockt.

Neben 50 Toten werden Dutzende Menschen bei dem Angriff in zwei Moscheen angeschossen und verletzt. Sie haben beim Freitagsgebet keine Chance gehabt zu entkommen. Egal ob Kinder, Frauen oder Männer: Der rechtsradikale Attentäter feuert auf jeden.

das Blutbad mit und streamt es live im Internet ➤ Neuseeland steht unter Schock

bei Angriff auf zwei Moscheen

⊲ Neuseelands Regierungschefin trauert mit Kopftuch. Unten: Die Al-Noor-Moschee.

Tarrant (re.) filmt live mit. Er besuchte auch den Wiener Heldenplatz (u.).

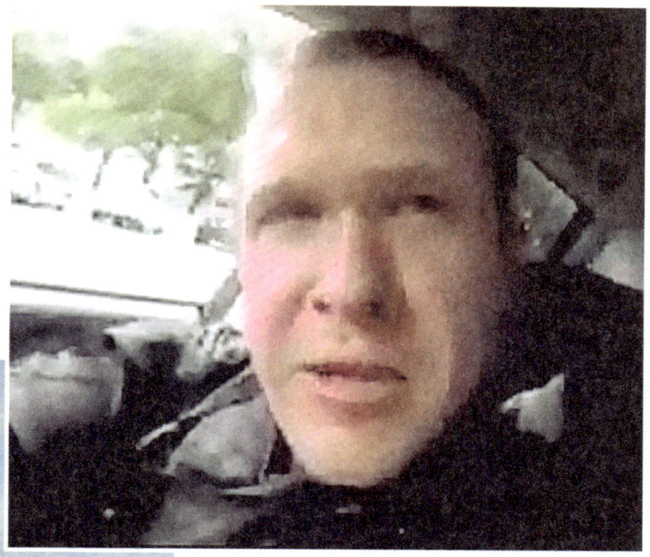

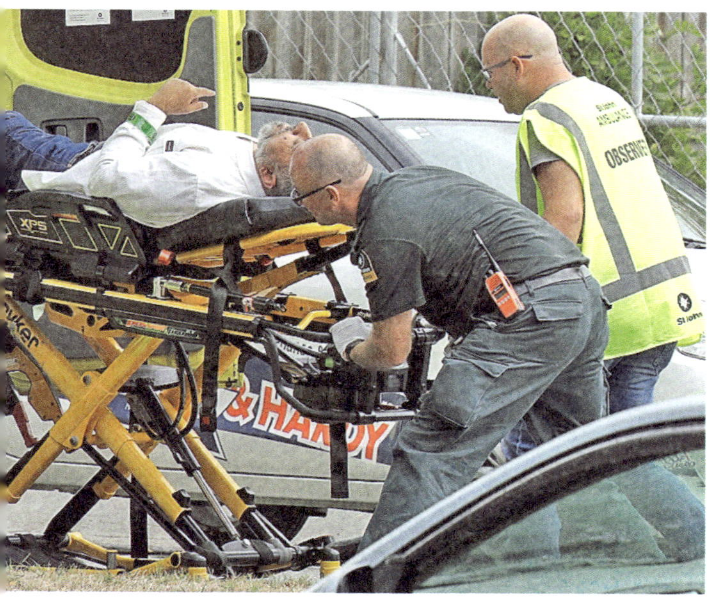

Die Spende des Serien-Killers

Für Ermittlungen nach dem rechtsradikalen Neuseeland-Terror sorgt eine Spende des späteren Serien-Killers an die „Identitären" in Österreich. Brenton Tarrant überweist 1500 Euro an den Chef der umstrittenen rechten Bewegung, Martin Sellner. Dieser weist jede Verantwortung zurück. Für die Spende habe er sich im Übrigen bedankt. „Ein Dankes-E-Mail bekommt jeder, der mich unterstützt. . ."

Wort- und gestenreich: „Identitären"-Chef Sellner zur Spende

Blumen vom Roboter: Nach der Vorstellung von Lacottes Stück rund um die mechanische Pupppe „Coppélia", gespielt von Primaballerina Nikisha Fogo, gibt es eine Überraschung. „Machina", ein gefühlserkennender Roboter der Technischen Universität Wien, übergibt unter dem Jubel der Zuseher einen Strauß auf der Bühne der Volksoper.

Kleiner Waris (1) stirbt:

Haft für Frauchen nach Todesbiss

Dieser tragische Fall löst das strenge Wiener Hundegesetz aus: Der kleine Waris (1) wird von einem sich losreißenden Rottweiler ohne Maulkorb – sein Frauchen ist betrunken – totgebissen. Als Reaktion darauf gilt in der Bundeshauptstadt bei Listenhunden im öffentlichen Raum sowohl Maulkorb- als auch Leinenpflicht und für deren Halter eine Alkoholgrenze von 0,5 Promille. Auch ein gerichtliches Nachspiel folgt: Die angeklagte Tierbesitzerin wird (nicht rechtskräftig) zu 18 Monaten teilbedingter Haft verurteilt.

Österreichische Mannschaft erlebt Debakel in Israel:

Fehlstart für Fußballteam

Null Punkte nach zwei Spielen! Der Fehlstart für Österreichs hochgelobtes Fußball-Nationalteam in der Qualifikation zur kommenden EURO 2020 ist perfekt. Besonders das Debakel gegen die von Ex-Teamheld Herzog trainierten Israelis schockiert.

Nach der bitteren Heimpleite gegen Gruppenfavorit Polen setzt es nur drei Tage später für die Mannen von Franco Foda gleich den nächsten schweren Dämpfer. „Herzog besiegt Österreich" titeln die „Krone"-Sportredakteure Christian Pollak und Peter Klöbl treffend aus Israel. Im Sammy-Ofer-Stadion von Haifa präsentiert sich die rotweißrote Mannschaft ohne Bayern-Star David Alaba als kopfloser Hühnerhaufen und schlittert – trotz des Führungstreffers durch unseren anderen Top-Kicker Marko Arnautovic – in ein 2:4-Debakel.

Andreas Herzog (40) hingegen, der schon mehrmals vom ÖFB als möglicher österreichischer Teamchef-Kandidat übergangen wurde, feiert den süßesten Triumph seiner Trainerkarriere.

Ex-Teamspieler Herzog jubelt als Israel-Trainer über den Treffer von Dabbur gegen Lindner. Österreichs Teamchef Foda ist die Verzweiflung anzusehen.

„Danke für Glückwünsche und Gebete"

Sorge um Kardinal: Aufatmen nach OP

Die heimische Kirchengemeinde ist in Sorge: Kardinal Christoph Schönborn macht seine Krebserkrankung öffentlich. Nach dem gut verlaufenen Eingriff in einem Wiener Spital ist das Aufatmen dann groß. Österreichs Oberhirte bedankt sich vom Krankenbett aus „für die vielen Glückwünsche und Gebete".

Macht Tumor-Erkrankung öffentlich: Kardinal Schönborn.

Bei seinem Medienauftritt mahnt der 74-jährige Erzbischof von Wien, wie wichtig die gesundheitliche Vorsorge ist. „Es ist nicht von vornherein etwas sehr Dramatisches, weil es ein Prostatakrebs ist, und der ist heutzutage Gott sei Dank in den meisten Fällen gut heilbar", zeigt sich Kardinal Christoph Schönborn zuversichtlich.

Und die 90-minütige Routine-Operation unter Vollnarkose bei den Spezialisten der Barmherzigen Brüder verläuft gut. Bis Pfingsten will Österreichs Oberhirte schon wieder fit sein. Deshalb zieht er sich bis dahin aus der Öffentlichkeit zurück und wird außerhalb der Tore Wiens Ruhe und Erholung finden.

Doskos neues Glück! Der burgenländische Landeshauptmann Hans Peter Doskozil hat gut lachen: Auch privat steht alles auf Neubeginn. Im Gespräch mit „Krone bunt"-Chefin Edda Graf präsentiert der 48-jährige SPÖ-Spitzenpolitiker seine neue Liebe Julia am Neusiedler See. Die 13 Jahre jüngere Deutsche, früher SPD-Mitglied, kündigt für die private Koalition nach zwei Jahren Fernbeziehung sogar ihren Job und zieht zum neuen Partner und Landesvater ins Burgenland.

Gourmet-Kreise haben nur ein Thema: Erstmals in der Geschichte des Guide Michelin wird ein österreichisches Restaurant mit drei Sternen ausgezeichnet. Die Höchstwertung gibt es für „Amador" des spanischen Kochs Juan Amador in Wien. „Meine Lieblingsstadt, wo ich vor zehn Jahren meine Frau kennengelernt habe", so Amador.

1,4 Millionen Stimmen:

Fußball-Kronen für Viktoria und Marko

Große Ehre und riesige Freude bei der Titelverteidigerin Viktoria Schnaderbeck und erstmals auch bei Marko Arnautovic. Die beiden Sportler werden im Studio 44 der Lotterien in Wien mit der begehrten „Fußball-Krone“ ausgezeichnet. Bei der 52. Auflage dieser Wahl gehen insgesamt 1,4 Millionen Stimmen ein. Zum Trainer des Jahres wird der nach Deutschland wechselnde Red Bull Salzburg-Coach Marco Rose gekürt.

Fußballer des Jahres: Schnaderbeck und Arnautovic

Mehr als durch Rauchen:

Todesfälle durch schmutzige Luft

Luftschadstoffe führen zu mehr vorzeitigen Todesfällen als das Rauchen! Nach einer Studie deutscher Wissenschafter aus Mainz verursacht vor allem Feinstaub weltweit 8,8 Millionen Sterbefälle – vor allem durch Herzkreislauf- sowie Atemwegserkrankungen – pro Jahr. Die Zahl der Toten durch Zigarettenkonsum schätzt die Weltgesundheitsorganisation (WHO) auf global 7,2 Millionen jährlich.

Hirschers siebenter Streich im Weltcup

Ist der Erfolgshunger unseres Ski-Helden Marcel Hirscher nach der siebenten großen Gesamtweltcup-Kristallkugel und insgesamt 67 Renn-Siegen schon gestillt? Der 30-jährige Salzburger denkt ernsthaft an ein Karriereende. Das Kräftemessen mit anderen auf der Piste mache ihm zwar noch immer viel Spaß, lässt der Jungpapa bei seinem Saisonrückblick vernehmen – aber der Skizirkus koste viel Kraft. Indes kommt es beim Österreichischen Skiverband (ÖSV) zu Veränderungen. Der langjährige Sportdirektor Hans Pum wird von Toni Giger abgelöst, neuer Damen-Chef ist Ex-Norwegen-Coach Christian Mitter.

Aufschrei der heimischen Jugend für unseren Planeten in der Klimakrise.

Umwelt-Demos in Dutzenden Städten weltweit

Aufschrei der Schüler: „Rettet unseren Planeten“

Die von der 16-jährigen schwedischen Aktivisten Greta Thunberg ins Leben gerufene Klima-Bewegung zur Rettung unseres Planeten hat auch Österreich erreicht. In Wien, Graz, Linz und in Dutzenden anderen Großstädten weltweit gehen bei Demonstrationen unter dem Motto „Freitage für die Zukunft“ vor allem Schüler und Jugendliche auf die Straße. Der lautstarke Aufschrei zum Schutz der Umwelt bzw. zur Einhaltung der in Paris vereinbarten Ziele ist für die Verantwortlichen unüberhörbar. „Es ist nicht fünf vor zwölf, sondern schon zwei vor zwölf“, so der dramatische Appell der Protestbewegung gegen die Erderwärmung.

Strahlenalarm! Ein Polizist mit Geigerzähler bei den völlig unsachgemäß gelagerten Fässern

„Krone" bei Geigerzähler-Geheimeinsatz der Polizei dabei:

Strahlenalarm um Fässer mit radioaktivem Müll nahe Donau

Brisanter Krimi um radioaktiven Müll: Dutzende Fässer mit radioaktiv strahlendem medizinischem Abfall lagern in einem rostigen Schiffscontainer nahe der Donau im Wiener Hafen! Der Skandal um die tickende Umwelt-Bombe bleibt allerdings ungesühnt – die Staatsanwaltschaft stellte ihre Ermittlungen ein.

Nach der Anzeige eines Spediteurs, der die strahlende Gefahr ordnungsgemäß in Österreichs einziges Atommülllager nach Seibersdorf bringt, fliegt der Fall auf. Zwei Jahre lang soll eine Konkurrenzfirma radioaktiven Medizin-Abfall aus heimischen Spitälern völlig unkontrolliert in einem rostigen Schiffscontainer nahe der Donau versteckt haben.

Bei einem Geheimeinsatz der Umweltgruppe des Landeskriminalamtes schlägt der Geigerzähler tatsächlich aus – Strahlenalarm! In der Folge wird das illegale Lager geräumt und der „Atommüll" kommt nach Südafrika und Polen. Doch in Österreich kommen die Verursacher dieses Umwelt-Skandals strafrechtlich ohne Konsequenzen davon. Die Staatsanwaltschaft Wien stellt ihre Ermittlungen ein.

Trauer um Fernsehlegende

ORF-Star Elizabeth T. Spira ist tot! Die Fernsehmacherin und „Kupplerin der Nation" stirbt im Alter von 76 Jahren in Wien.Wie keine andere verstand sie es in ihren legendären „Alltags-" und „Liebesg'schichten", Menschen für ein Millionenpublikum zu porträtieren. Gespickt mit einer feinen Note subtilen Humors, aber trotzdem stets einfühlsam und respektvoll.

- Nach den Schüssen in einer Straßenbahn der niederländischen Stadt Utrecht mit drei Toten geht die Polizei von Terror aus. Ein mehrfach vorbestrafter Türke hatte wild um sich gefeuert.
- Auf fünf Millionen Dollar Schmerzensgeld klagt Joanne Cullen aus dem US-Staat New York den Friedhof, auf dem ihre Verwandten beerdigt sind. Als sie dort das Grab ihrer Eltern besucht, sinkt die 64-Jährige bis zur Hüfte ein, prallt mit dem Kopf auf den Grabstein und schlägt sich dabei einen Zahn aus. Sie muss sich selbst ausbuddeln und ist seither schwer traumatisiert.
- Weil er beim Wildern eines schwarzen Leoparden in einem Nationalpark auf frischer Tat ertappt wird, muss der bekannte thailändische Millionär Premchai Karnasuta ins Gefängnis.
- Mit lebenslanger Haft endet ein spektakulärer Prozess um vergiftete Pausenbrote im deutschen Bielefeld. Der Angeklagte (57) soll seinen Kollegen am Arbeitsplatz über Jahre hinweg Quecksilber auf deren Essen gestreut haben.
- Aufregung um YouTube-Star Tim Shieff, Aushängeschild der großen veganen Gemeinschaft: Der 30-jährige Brite schwört in einem Video der Ernährungsweise wegen gesundheitlicher Probleme ab – seitdem er tierische Produkte esse, gehe es ihm wieder besser.
- Doppelten Grund zur Freude hat Karl Habsburg. Nicht nur, dass sich seine älteste Tochter Eleonore mit Rennfahrer Jérôme D'Ambrosio verlobt hat, gewinnt er nun auch einen bizarren Rechtsstreit um das „von" aufgrund eines 100 Jahre alten Adelsverbotsgesetzes.
- Nicht nur die US-Bürger, auch ihre Haustiere sind zu dick. Eine Studie ergibt, dass 59,5 Prozent der Katzen und 55,8 Prozent der Hunde übergewichtig sind. Die Hauptursachen dafür sind Überfütterung und fehlende Bewegung – was wiederum mit ihren Herrchen und Frauchen in Zusammenhang steht.

Himmel brennt –

Knapp 900 Jahre alte Kathedrale in Flammen

Herz von Paris wird bei Großfeuer fast zerstört

Es ist eine nationale Katastrophe und ein Schock für die Welt: Über Paris brennt der Himmel! Das Herz der französischen Hauptstadt, die mehr als 850 Jahre alte Kathedrale von Notre-Dame, steht in Flammen. Das christliche Wahrzeichen wird bei dem stundenlangen Inferno fast zerstört.

Nicht nur für Frankreich ist die gotische Kathedrale ein Symbol des Glaubens. Umso größer der Schock, als der Dachstuhl die Kathedrale während Bauarbeiten zu brennen anfängt. Die Flammen fressen sich unerbittlich durch das teils jahrhundertalte Holz. Vor den Augen der geschockten Weltöffentlichkeit bricht dann der 93 Meter hohe Vierungsturm in sich zusammen. Verzweifelte Bemühungen der Pariser Feuerwehr sind nach vier Stunden von Erfolg gekrönt: Die Westfassade mit den beiden berühmten Türmen und das Kirchenschiff können vor dem Einsturz gerettet werden.

„Krone“-Auslandsredakteur Ed Ricker: „Der Schaden ist trotzdem enorm und wird auf mehr als eine Milliarde Euro geschätzt.“ Staatschef Emmanuel Macron kündigt einen Wiederaufbau binnen fünf Jahren an. Die Staatsanwaltschaft geht von einer weggeworfenen Zigarette oder einem Kurzschluss als Ursache für das Brand-Inferno aus.

Hunderte geschockte Pariser versammeln sich während des Großfeuers vor der berühmten Kathedrale und beten gemeinsam für die Rettung des historischen Gotteshauses.

Inferno von Notre-Dame

Schauriges Inferno: Wie ein brennendes Kreuz im Nachthimmel sieht der in Flammen stehende Dachstuhl von Notre-Dame aus der Luft aus. Der hölzerne Vierungsturm hält nicht stand und stürzt brennend in sich zusammen.

Bizarres Mordrätsel um zerstückelten Arzt-Sohn

Bizarrer Krimi für Mordermittler in Wien und Ungarn. Eine 27-Jährige soll ihren Freund, einen Arzt-Sohn, in einer Wohnung in der Bundeshauptstadt erstochen – und die zerstückelte Leiche dann über die Grenze gebracht haben. Nachdem der Grusel-Plan, gemeinsam mit ihrer Mutter die Leichenteile in zehn Liter Salzsäure aufzulösen, scheitert, wirft sie die Überreste in diesen Bewässerungskanal (Bild links) – Haft!

Lauf-Ass Lemawork Ketema (re.) und Kollege Valentin Pfeil.

Hunderttausende Läufer

Wien-Marathon der Rekorde

Die faszinierende Geschichte von Lemawork Ketema, einst als Flüchtling aus Äthiopien gekommen, wird beim Wien-Marathon um ein Kapitel reicher: Unser Lauf-Ass qualifiziert sich mit österreichischem Rekord für Olympia im kommenden Jahr in Tokio. Und sein Trainer Harald Fritz hält sogar 2:07 für möglich. Strahlender Gewinner in der zweitschnellsten je erzielten Wien-Zeit wird der Kenianer Vincent Kipchumba. Streckenbestzeit bei den Damen erläuft Landsfrau Nancy Kiprop.

Millionenbeute › Gangster stürmen Rollfeld in Tirana:

Überfall auf AUA-Maschine

Spektakulärer Raubcoup noch am Rollfeld des Flughafens von Tirana (Albanien) auf eine mit 134 Passagieren besetzte AUA-Maschine: Fünf bewaffnete Räuber haben es auf für Wien bestimmte Geldsäcke der lokalen Raiffeisenbank abgesehen.

Bis zu zehn Millionen Euro Beute, eine wilde Verfolgungsjagd und ein auf der Flucht erschossener Bandenboss, der bereits vor Jahren aus einem griechischen Gefängnis ausgebrochen war – der filmreife Überfall liest sich wie das Drehbuch für einen Hollywood-Thriller.

Kurz nach dem Start Richtung Wien stürmen die als Zollmitarbeiter getarnten und mit Sturmgewehren schwer bewaffneten Gangster – nachdem sie ein Zugangstor geknackt haben – samt Maskerade den Flughafen. Das ist nun der bereits dritte Überfall auf eine Geldladung auf dem Airport von Tirana binnen drei Jahren. Die AUA stellt bis auf Weiteres derartige Werttransporte aus Albanien ein.

Die überfallene AUA-Maschine. Ein Video zeigt dramatische Sekunden des Überfalls (o.)

Ⓐ Freiliegende Kabel im Reaktor. Global-2000-Experten vor der bedrohlichen Meilerlandschaft. Ⓑ

Whistleblower legt im „Krone"-Gespräch Fotobeweise vor.

„Krone" trifft Kronzeugen in Slowakei:

„Atomreaktor ist löchrig wie Käse"

Diese „Krone"-Enthüllung rüttelt auf! Bei einem Geheimtreffen mit Chefreporter Christoph Matzl über der Grenze in Bratislava deckt ein ehemaliger Mochovce-Ingenieur auch mit Fotos horrende Sicherheitsmängel im nur 200 Kilometer von Wien entfernten Schrott-Meiler auf: „Der Atomreaktor ist löchrig wie ein Käse."

Der 45-jährige dreifache Familienvater war Techniker im 34 Jahre alten grenznahen AKW. „Das bin ich meinen Kindern schuldig. Ich kann einfach nicht mehr damit leben, von der drohenden Gefahr zu wissen und dennoch zu schweigen", begründet der slowakische Kronzeuge seine Beweggründe beim Treffen im Beisein der Umweltschutzorganisation Global 2000.

Der „Krone"-Bericht über die tickende nukleare Zeitbombe wegen der bei Umbauarbeiten durchlöcherten Schutzhülle des Reaktors führt im In- und Ausland zu heftigen Reaktionen. Während Österreichs Umweltministerin Elisabeth Köstinger unabhängige Atom-Inspektoren zur Sicherheitsprüfung vor Ort verlangt, wird der Ruf nach einem Baustopp – der Schrottmeiler soll erweitert werden – lauter.

So hässlich geht es bei den Schönen zu

Pleiten, Pech, Pannen und böse Gerüchte beim Rennen um den Titel der schönsten Frau im Lande. Der ursprünglich zur Miss Vienna von einer Jury gewählten 23-jährigen Beatrice Körmer wird wegen Schiebungsgerüchten schon im Vorfeld wenige Tage später der Titel aberkannt. Im Interview mit „Krone"-Reporterin Vanessa Licht (großes Bild) gibt sie sich in der Galanacht kurz nach ihrer Kür noch tapfer: „Das waren meine ersten öffentlichen Buh-Rufe. Mit dem Miss-Titel will ich mich für Charity und Tiere einsetzen." Neue Miss unter Ausschluss der Öffentlichkeit in Linz wird die gleichaltrige Fotografin Julia Forstner (kl. Bild). Dann die Wende: Körmer erhält die Krone zurück!

Islamisten-Anschläge auf Kirchen in Sri Lanka schocken die Welt › 253 Tote:

Oster-Massaker an Christen

Ausgerechnet während der Ostermesse schlägt die Terrorbestie unbarmherzig zu! Bei Sprengstoff-Selbstmordanschlägen durch Islamisten auf christliche Kirchen und Hotels des Urlauber-Inselparadieses Sri Lanka sterben bis zu 253 Menschen, 500 werden verletzt.

Zeitnah attackieren Rucksack-Bomber einer örtlichen Islamisten-Gruppe, die sich zu der Terror-Miliz IS bekennen, drei christliche Kirchen und drei Luxushotels auf dem bei Touristen so beliebten Eiland. Es ist dies ein Racheakt bzw. eine blutige Vergeltung für das Moschee-Massaker im neuseeländischen Christchurch.

Die Serie an Explosionen beginnt gegen 08:30 Uhr früh. Anschlagsziel ist vor allem die Hauptstadt Colombo, aber auch die Ostküste des Landes wird attackiert. Im Visier: heimische Gläubige während der Ostermesse sowie viele Touristen. Unter den Opfern der Terrorwelle befinden sich unter anderem drei der vier Kinder des dänischen Mode-Milliardärs Anders Holch Povlsen, Mitbegründer der Marke „Zalando“.

Dieser Imam soll der Drahtzieher hinter der Terrorwelle auf Kirchen und Luxushotels in Sri Lanka sein. Viele einheimische Gläubige und auch drei Milliardärskinder (kl. Bild o.) sterben.

Lawinen-Tragödie um Tiroler Kletter-Stars

Tod in den Bergen! Die beiden heimischen Kletter-Stars David Lama und Hansjörg Auer (35) sterben mit dem amerikanischen Bergkameraden Jess Roskelley (36) bei einem Lawinen-Abgang in den kanadischen Rocky Mountains. Auch Everest-Legende Peter Habeler trauert um seinen 28-jährigen alpinistischen Ziehsohn Lama. Wie „Krone“-Redakteur Peter Freiberger berichtet, wird das Trio von einer Schneefaust am Howse Peak im Banff-Nationalpark beim Abstieg erfasst und mitgerissen. Tragisch: Das letzte Foto zeigt die Alpinisten beim Gipfelsieg.

„Krone"-Lokalaugenschein in der elitären Ballettakademie der Wiener Staatsoper. Viele Kinder trauten sich lange nicht zu reden.

Kinder als Opfer · Missbrauchsverdacht an Ballettschule

Vorwürfe gegen Staatsoper

Die Wiener Staatsoper sieht sich mit schweren Vorwürfen konfrontiert. An der international renommierten Ballettschule des Hauses am Ring sollen Kinder durch zumindest eine Lehrerin Gewalt und Missbrauch erfahren haben.

Direktor Meyer ist entsetzt. Primaballerina Karina Sarkissova (li.): „Härte gehört dazu."

Modernes Tanzmärchen oder Psycho-Folter in der elitären Akademie? Dem Verdacht auf Missstände geht auch eine eigene Untersuchungskommission nach. Viele Kinder trauten sich lange nicht besonders über die Trainingsmethoden einer in Russland geborenen Tanzmeisterin zu reden. Auch aus Angst, dass ihr Traum von einer Weltkarriere im Ballett platzt. Brutalität und Autoritätsmissbrauch sollen an der Tagesordnung gewesen sein. Nach mehreren Verwarnungen wird die Dame schließlich gefeuert.

Staatsoperndirektor Dominique Meyer beeilt sich bei einer Pressekonferenz festzustellen: „Solche Dinge dürfen einfach nicht mehr geschehen. Wir werden die Vorwürfe lückenlos aufklären. Es tut mir leid, was passiert ist."

Sieben Jahre Botschafts-Exil: Ecuador liefert Assange aus

Sieben Jahre lang sitzt Julian Assange (47) in seinem selbstgewählten Exil in Ecuadors Botschaft in London fest. Nachdem das lateinamerikanische Land „wegen wiederholter Verletzungen internationaler Konventionen" dem Australier aber das diplomatische Asyl entzieht, wird der von den USA wegen Verschwörung gesuchte Gründer der Aufdeckerplattform Wikileaks von Scotland Yard-Beamten aus der Botschaft gezerrt. Die ersten Fotos zeigen einen verwahrlosten Assange mit weißem Rauschebart im Polizeiauto. Amerika verlangt nun die Auslieferung.

7 Jahre im Exil: Julian Assange

- Mit einem Heiratsantrag verzaubert hat der Meister der Mentalmagie Thommy Ten seine schöne Amélie vor der Traumkulisse von Tahiti im Südpazifik. Die beiden jungen Niederösterreicher werden kommendes Jahr auch wieder in Österreich mit ihrer Show für Staunen sorgen.
- Vor der anlaufenden Badesaison gibt es vom Ballermann bis Bibione eine Verbotswelle von Plastik über alkoholische Getränke bis hin zu Zigaretten am Strand.
- Während die Gewinne der an der Wiener Börse notierten Unternehmen in den vergangenen beiden Jahren zurückgegangen sind, stiegen im Gegenzug die Gehälter der Vorstandschefs um 16 Prozent an. Die 14 ATX-Konzernchefs kamen 2018 im Schnitt auf 2,2 Millionen Euro.
- Als Andenken an die Regierungszeit des abgedankten japanischen Kaisers Akihito verkauft eine Firma „Luft einer scheidenden Ära" um umgerechnet 8,60 Euro.
- Der deutsche Bundesgerichtshof hat die Revision von Meike (45) und Lars Schlecker (47) abgewiesen. Damit müssen die Kinder des Drogeriemarktgründers Anton Schlecker (74) wegen Untreue, Insolvenzverschleppung und Beihilfe zum Bankrott jeweils zwei Jahre und sieben Monate ins Gefängnis.
- Ein Jahr lang hatten Nicole Pedneault und Roger Larocque aus Quebec in Kanada ihren Lottoschein mit den Gewinnzahlen vergebens gesucht. Wenige Tage bevor der Gewinn von 660.000 Euro verfällt, findet das Paar den Schein in einem Buch, das sich ihr Enkel ausborgen will.
- Ein Vatikan-Gericht hat die Absetzung des Erzbischofs im US-Pazifikterritorium Guam, Anthony Apuron, wegen Missbrauch beschlossen.
- Ihre eigene Beerdigung plante die krebskranke Xsara Sanderson aus Großbritannien. Wie durch ein Wunder geheilt, will sie nun den Wohltätern das gespendete Geld zurückgeben: „Ich hoffe, ihr seid mir nicht böse, dass ich nicht gestorben bin!"

Eine Zeitung, die prägt!

Die „Kronen Zeitung" prägt seit Jahrzehnten dieses Land, sie ist ein Teil der österreichischen Geschichte. Alles hat man ihr bereits nachgesagt, sie sei zu links, zu rechts, zu kirchenlastig, zu konservativ, doch in Wahrheit war sie immer eines – unabhängig. Die Unabhängigkeit ist ein Vermächtnis ihres Gründers Hans Dichand (Foto) an die Redaktion seiner Krone, die er im April 1959 erstmals aus der Druckerpresse holte. Vielen Stürmen waren wir seither immer ausgesetzt, früher schon und auch heute wieder. Wir begegnen ihnen mit dem nötigen Rüstzeug, unserem Redaktionsstatut.

Dr. Christoph Dichand

22. 11. 1963 – der Konvoi rollt durch Dallas, drei Schüsse fallen.

Attentäter feuert auf Wagen des US-Politikers

Mord an Präsident Kennedy schockiert die ganze Welt

John F. Kennedy wird auf der Fahrt durch Dallas (Texas) von einem Heckenschützen erschossen. Der Polit-Mord am 35. Präsidenten der USA schockiert die Welt. Polizisten verhaften zwar kurz darauf den Attentäter Lee Harvey Oswald, doch bei der Überführung zum Gericht tötet Nachtklubbesitzer Jack Ruby den 24-Jährigen. Da Oswald somit nie ein Geständnis ablegen konnte, tauchen bald schon erste Verschwörungstheorien um den Tod des 43-jährigen Präsidenten auf.

Symbolbild des Krieges: nacktes Kind flieht vor Napalmwolke

Erschütternde Opferzahlen bestätigen Horrorbilanz

Drama des Vietnam-Krieges: Drei Millionen Todesopfer!

Von 1965 bis 1975 kämpfen Hunderttausende US-Soldaten gegen die von Russland und China unterstützten „Kommunisten" Nordvietnams. Die USA können ihr Kriegsziel, die Stabilisierung Südvietnams, nicht erreichen. Drei Millionen Menschen kommen ums Leben: So starben im Vietnamkrieg viermal so viele Zivilisten wie Soldaten. Ursachen: hoch technisierte Kriegführung, Flächenbombardements und Artilleriebeschuss in bewohnten Gebieten, chemische Waffen.

Marilyn Monroe stirbt einsam! Schreckensmeldung aus Hollywood: Am 5. August 1962 wird das Sexsymbol der 1950er-Jahre tot in einer Wohnung in Los Angeles aufgefunden. Todesursache: Überdosis an Schlaftabletten.

Neil Armstrong: Pionier auf dem Mond

„Apollo 11"-Team schreibt Weltgeschichte:

Amerika erobert den Mond!

„Ein kleiner Schritt für einen Mann, aber ein riesiger Sprung für die Menschheit." Das sind die ersten historischen Worte des US-Astronauten Neil Armstrong, der am 21. Juli 1969 den Mond betritt. Damit haben die Amerikaner den großen Wettlauf im Weltall klar gegen die Russen gewonnen. Und das, obwohl es der Sowjetunion bereits im April 1961 gelungen war, mit Juri Gagarin den ersten Menschen ins All zu schicken.

Russischer Winter folgt dem Prager Frühling! Was als „Prager Frühling" begann und allen Kommunismus-Opfern sowie der westlichen Welt Hoffnung gab, erstickt im August 1968 unter Panzerketten. Warschauer-Pakt-Truppen aus der Sowjetunion, Bulgarien, Polen, Ungarn und der DDR marschieren in der Tschechoslowakei ein. Politisch folgt ein „sibirischer Winter".

Triumphzug für Ski-Nationalheld Schranz! Mehr als 100.000 Menschen säumen 1972 Wiens Straßen, als Österreichs Skistar Karl Schranz nach seinem Ausschluss von den Olympischen Spielen in Sapporo (Missachtung des Amateurstatus) heimkehrt. Am Ballhausplatz empfängt Kanzler Kreisky das Abfahrtsidol.

1959–1973

- Im Salzkammergut wird 1959 der „Schatz vom Toplitzsee" geborgen: 700 Millionen Pfund, vom NS-Geheimdienst gefälschtes Geld.
- Während sich beim 2. Vatikanischen Konzil in Rom die Kirche dagegen ausspricht, atmen Millionen Frauen in aller Welt auf: Die Anti-Baby-Pille ist 1960 da!
- Mit der aufwändigen Verfilmung von Ian Flemings „James Bond jagt Dr. No" beginnt 1962 die Serie der erfolgreichen „007-Streifen".
- Wiens Nazi-Jäger Simon Wiesenthal gelingt es, den 1945 in Argentinien untergetauchten SS-Massenmörder Adolf Eichmann aufzuspüren. Ein israelisches Kommando entführt den 57-Jährigen, 1962 wird er gehängt.
- Nach dem Tod des populären Johannes XXIII. wird Giovanni Batista Montini im Juni 1963 zum Papst gewählt. Er nennt sich Paul VI.
- US-Schwergewichtsboxer Cassius Clay (22) – der spätere Muhammed Ali – erobert 1964 mit einem Sieg über Sonny Linston als jüngster Sportler den Champion-Titel.
- Inmitten der von den Beatles und Rolling Stones eingeleiteten wilden 1960er-Jahre schafft Udo Jürgens mit seinem Songcontestsieg (Merci Chérie) den Durchbruch.
- Kubas Guerillakämpfer Che Guevara wird 1967 in Bolivien von Soldaten erschossen.
- Dank der Strategie von Minister Moshe Dayan feiert Israel 1967 im „Sechstagekrieg" gegen Ägypten, Syrien und Jordanien einen Sieg mit großem Landgewinn.
- Österreich trauert um Jochen Rindt (28): Der Formel-1-Fahrer verunglückt 1970 beim Training in Monza.
- Der Diplomat Dr. Kurt Waldheim wird 1971 einstimmig in das höchste Amt der Vereinten Nationen gewählt.
- Blutiger Terror bei der Münchner Olympiade 1972: Palästinenser töten zwei Sportler. Ein folgendes Feuergefecht auf dem Flughafen endet in einem Blutbad mit 17 Todesopfern.

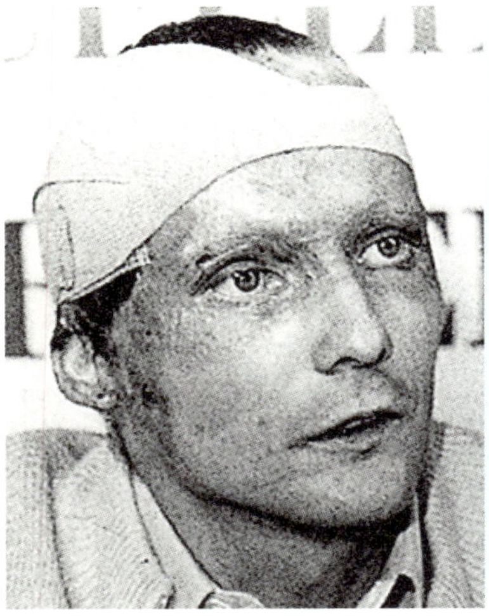

Ganz Österreich bangt um seinen Formel-1-Star, nachdem Niki Lauda am 1. August 1976 gegen die Leitplanken gekracht ist. Er überlebt den Crash und startet bereits sechs Wochen später in Monza. 1977 triumphiert Niki Nazionale erneut und erringt 1984 seinen 3. Weltmeistertitel.

Olympiagold für den Kaiser! Mit einem Husarenritt vom Patscherkofel kürt sich der Abfahrer Franz Klammer in der Königsdisziplin des Skisports 1976 zum Superstar der Winterspiele von Innsbruck. Mit insgesamt 25 Siegen geht Klammer als Abfahrtskaiser in die Skigeschichte ein.

Mangelnde Kontrolle:

Reichsbrücke stürzt in den Donaustrom!

Die Meldung vom Einsturz der Wiener Reichsbrücke halten viele Österreicher am 1. August 1976 für einen schlechten Scherz – und glauben sie erst, als Bilder von der zerstörten Brücke zu sehen sind. Da das Bauwerk in den frühen Morgenstunden in die Donau gekracht ist, kommt „nur" ein Autofahrer ums Leben. Wäre die Brücke untertags eingestürzt, hätte es im Sonntagsverkehr Dutzende Tote gegeben. Glück im Unglück hat ein Chauffeur: Sein Bus bleibt auf den Brückentrümmern hängen, der Fahrer kommt mit Prellungen davon. Unglücksursache: unzureichende Kontrolle! Ein schadhafter Betonteil war unentdeckt geblieben.

Das Bild der eingestürzten Reichsbrücke zeigt, welches Riesenglück der Busfahrer hatte.

Der König des „Rock 'n' Roll" ist tot! Elvis Presley (42) stirbt 1977 in Memphis (Tennessee), vollgepumpt mit Medikamenten und Drogen. Mit 1,5 Milliarden verkauften Tonträgern gilt er heute als erfolgreichster Sänger.

Die schönste Frau der Welt kommt 1987 aus Bad Aussee. In London wird Ulla Weigerstorfer zur „Miss World" gekürt. Die bildhübsche 20-Jährige ist ein Jahr lang als „charmanteste Botschafterin Österreichs" unterwegs.

„Krone“ unterstützt Kampf der Umweltschützer

Sieg gegen die Beton-Lobby: „Hainburger Au“ ist gerettet!

Unbeirrbare Aktivistinnen ketten sich an Bäumen fest.

Dem Einsatz beherzter Umweltschützer ist es zu verdanken, dass 1984 Europas schönste Aulandschaft gerettet werden kann. Obwohl mit der Rodung begonnen wurde, gelingt es Naturaktivisten praktisch in letzter Minute, den Kraftwerksbau zu verhindern. 6000 Umweltbewahrer – unter ihnen „Krone“-Redakteur Fritz Graupe und Kolumnist Günther Nenning – versammeln sich in der Stopfenreuther Au. Gerhard Heilingbrunner vom Umweltdachverband: „Ohne Hans Dichand gäbe es keinen Nationalpark Donau-Auen und in Sachen AKW würden wir ganz anders dastehen.“

Als 17-jährige „Sissi“ erobert sie die Herzen des Publikums. Danach brilliert Romy Schneider in vielen Filmen. So sehr ihr die Welt zu Füßen liegt, so sehr erleidet sie Schiffbruch im Privatleben, von der Affäre mit Alain Delon bis zur Tragödie um Sohn David. Mit 42 Jahren stirbt Romy an gebrochenem Herzen.

Tausende Strahlentote • 400.000 Menschen umgesiedelt

Super-GAU von Tschernobyl

Ein fatales Experiment im ukrainischen AKW Tschernobyl löst das größte Unglück in der Geschichte der Atomkraft-Nutzung, einen Super-GAU aus: Landstriche werden radioaktiv verseucht, Tausende sterben!

Am 26. April 1986 führt eine Kombination aus veralteter Technik, desolaten Sicherheitssystemen und menschlichem Versagen zur Katastrophe: Reaktor IV explodiert! Über weite Teile Europas, abgeschwächt auch über Österreich, gehen radioaktive Partikel nieder. Tausende sterben einen qualvollen Strahlentod. Das Ausmaß sollte vertuscht werden: Denn nur mit Staubmasken (!) geschützte „Liquidatoren“ räumten den radioaktiven Schutt weg.

Abertausende Krebskranke belegen selbst 33 Jahre nach dem Super-GAU die Spätfolgen. Darum kämpft die „Krone“ seit Zwentendorf konsequent gegen die Gefahr des strahlenden Todes vor unserer Haustür: von Mochovce bis Temelín.

Atomruine. Absurd: Staubmasken als Schutz gegen radioaktive Strahlen

1974–1988

- „Watergate“ bringt US-Präsident Richard Nixon 1974 zu Fall. Republikaner werden beim Einbruch im Washingtoner Hauptquartier der Demokraten ertappt: Wahlhelfer wollten Kameras, Abhörgeräte und Mikrofone installieren. Nixon tritt zurück.
- Der aus Venezuela stammende Terrorist „Carlos“ versetzt Wien zu Weihnachten 1975 in Angst: Mit vier Komplizen stürmt er das OPEC-Gebäude und nimmt 70 Menschen als Geiseln. Bei dem Überfall werden drei Männer erschossen. Nach zweitägigen Verhandlungen geht das Geiseldrama zu Ende.
- Ein Erdbeben im italienischen Friaul fordert im Mai 1976 knapp tausend Tote.
- Bei der schwersten Katastrophe in der Luftfahrt – zwei Jets stoßen 1977 im Nebel auf dem Flughafen von Teneriffa zusammen – sterben 582 Menschen.
- Massenselbstmord in noch nie dagewesenem Ausmaß: Im Dschungel von Guyana trinken 1978 rund 900 Anhänger des Sektenführers Jim Jones tödliches Zyankali.
- Medizinische Sensation: Im englischen Oldham wird Louise Joy Brown 1978 als erstes „Retortenbaby“ (d. h. in vitro gezeugt) geboren.
- Am 8.Dezember 1980 tötet ein Geisteskranker den 40-jährigen „Beatle“ John Lennon in New York.
- Auf dem Petersplatz in Rom verübt der Türke Ali Ağca am 13. Mai 1981 ein Pistolen-Attentat auf Papst Johannes Paul II. Der Heilige Vater überlebt, besucht den Attentäter Jahre später im Gefängnis – und vergibt ihm!
- Die russische Luftwaffe schießt 1983 einen südkoreanischen Jumbo ab, der sich auf sowjetisches Staatsgebiet verirrt hatte: 296 Tote!
- 1986 wählt Österreich den langjährigen UN-Generalsekretär Kurt Waldheim – trotz einer Kampagne gegen ihn – zum Bundespräsidenten.
- Bei einem Horror-Erdbeben sterben 1988 in Armenien 50.000 Menschen.

Öffnung der DDR-Ost-Grenze; Minister Mock & Ungarns Horn durchtrennen den Grenzzaun.

Gorbatschow leitet Wende ein · Der Osten öffnet sich

Der „Eiserne Vorhang“ fällt!

Ende der 1980er-Jahre verändert sich das Weltbild Europas. Unter Generalsekretär Gorbatschow öffnet sich der Osten, die Sowjetunion zerbricht: Die Berliner Mauer und der Eiserne Vorhang fallen – die Wende!

Seit Gorbatschow 1985 vom Kreml aus „Perestrojka“ (Veränderung) und „Glasnost“ (Öffnung) verkündet hat, folgte die Wende in Polen, der Tschechoslowakei, in Ungarn, Bulgarien, Rumänien und vielen früheren Sowjet-Staaten.

Das Paneuropäische Picknick im August 1989 an der österreichisch-ungarischen Grenze leitet gleichsam die deutsche Wiedervereinigung ein. 700 DDR-Bürger nutzten die kurze Öffnung des Eisernen Vorhangs zur Flucht in den Westen. Nach Massenprotesten wird im November sogar die Berliner Mauer niedergerissen. Ein Jahr später ist Deutschland wiedervereinigt!

Die Welt trauert um die Königin der Herzen! Am 31. August 1997 schlägt eine Nachricht wie eine Bombe ein: Lady Dianas Leben zwischen royalem Prunk und tiefster Enttäuschung endet in Paris im Wrack einer Limousine.

Geschockt betrachtet Lauda die Trümmer am Absturzort.

Defekte „Schubumkehr“ über Thailands Dschungel

„Lauda-Air“-Jet explodiert: 223 Todesopfer bei Absturz!

Der 26. Mai 1991 geht in die Geschichte Österreichs als Tag der Trauer ein. Denn an diesem Sonntag stürzt eine mit 213 Passagieren und zehn Besatzungsmitgliedern besetzte Maschine der „Lauda-Air“ auf dem Flug nach Wien über Thailand ab. Alle Insassen der „Mozart“ sterben. Die Auswertung des Flugschreibers ergibt: Die „Schubumkehr“, eine Bremshilfe bei der Landung, hatte sich plötzlich während des Fluges eingeschaltet.

Feuerhölle inmitten der Stadt: die Hofburg in Flammen.

Kabelbrand bei Dreharbeiten löst Riesenfeuer aus

Inferno in Wiener Hofburg: Polizei rettet 69 Lipizzaner

Bei der größten Brandkatastrophe seit dem Weltkrieg kämpfen 400 Feuerwehrmänner in den Morgenstunden des 27. November 1992 gegen turmhohe Flammen. Während die Redoutensäle dem Feuer anheimfallen, können zehntausend Bücher aus der Nationalbibliothek gerettet werden. Freiwillige und Polizisten bringen 69 Lipizzaner in Sicherheit. Die Brandursache: ein Kabelbrand bei Film-Dreharbeiten.

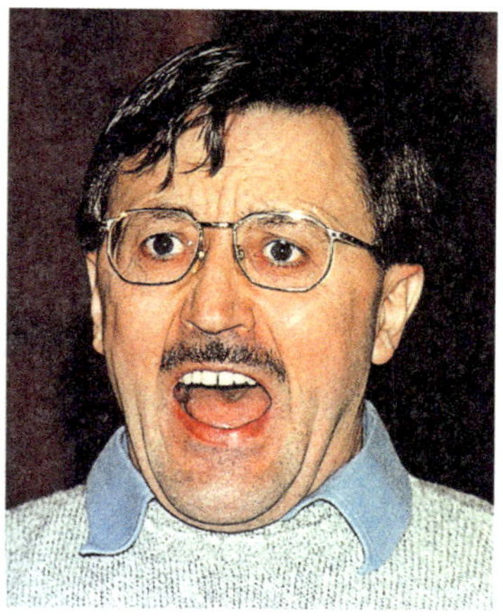

Irr, berechnend und ohne Reue: Fuchs während des Prozesses. Briefbombenopfer Helmut Zilk vertraute immer auf „Gott und die Gerechtigkeit".

Aufatmen: Bomber Franz Fuchs gefasst

Vier Jahre lang hielt er das Land als „Bajuwaren-Bomber" in Atem. Mit sechs Briefbomben-Serien und dem Vierfachmord von Oberwart sorgte er für Terrorangst. Am 1. Oktober 1997 endet im steirischen Gralla der größte Kriminalfall der 2. Republik: Psychopath Franz Fuchs sprengt sich bei einer Kontrolle beide Unterarme weg. Nach dem Prozess und der Verurteilung zu lebenslanger Haft erhängt er sich in seiner Zelle.

Weltstar Falco verunglückt 1998 in der Dominikanischen Republik. 13 Tage vor seinem 41. Geburtstag wird Österreichs erfolgreichster Popstar aller Zeiten bei einem Horror-Crash getötet. Ein Bus rammt den als Hans Hölzel geborenen Wiener – Falco stirbt am Unfallort.

11. 9. 2001: Ein Tag, an dem die Welt den Atem anhielt

Terror trifft das Herz Amerikas

Momentaufnahme des Schreckens: Bin Ladens Todespiloten im Anflug auf den 2. Turm.

Islamistische Kamikaze-Killer greifen die USA an: Mit vier entführten, voll besetzten Passagier-Jets als fliegende Bomben attackieren sie das World Trade Center in New York und das Pentagon.

Der Terror-Wahnsinn schlägt wie ein Blitz aus heiterem Himmel ein: Eine Boeing bohrt sich in den Nordturm des World Trade Centers. 18 Minuten später schlägt eine zweite Maschine in Turm II ein – Al-Kaida-Terroristen haben mit Manhattan das wirtschaftliche Herz Amerikas getroffen. Weitere Selbstmordpiloten steuern einen dritten Jet gegen das Pentagon: 189 Menschen sterben. Dann zerschellt „Flug 93" mit Kurs aufs Washingtoner Kapitol: Mutige Passagiere hatten die Entführer angegriffen und waren mit ihnen abgestürzt. Indes versuchen Feuerwehr, Polizei und Militär gegen die Apokalypse in New York anzukämpfen.

Vergebens! Beide Türme stürzen in sich zusammen. Massengrab Ground Zero: 19 Terroristen haben 3000 Menschen getötet.

1989–2003

- Eine unfassbare Mordserie im Krankenhaus Lainz schockiert 1989 ganz Österreich und stellt das Gesundheitssystem in Frage: Vier Krankenschwestern wird zur Last gelegt, ihnen lästige Patienten serienweise mittels Infusionen oder „Mundspülungen" getötet zu haben. Die Hauptangeklagten werden zu 19 Jahren Haft verurteilt.
- Der Similaun-Gletscher in den Ötztaler Alpen gibt 1991 einen im ewigen Eis konservierten Mann frei. „Ötzi", wie der archäologische Sensationsfund aus dem Eis genannt wird, ist 5300 Jahre alt.
- Im Juni 1991 bricht an unserer Grenze der Krieg aus, nachdem Slowenien gegenüber Belgrad seine Eigenstaatlichkeit erklärt hat.
- Goldene Zeiten bei der Winter-Olympiade im französischen Albertville 1992: Österreich erringt sechsmal Gold, acht Silber- und sieben Bronze-Platzierungen.
- „Häfenpoet" Jack Unterweger wird wegen neun Prostituierten-Morden in Wien, Graz, Bregenz, Prag und Los Angeles als Mörder angeklagt. In der Nacht der Urteilsverkündung (1994) erhängt sich Unterweger in seiner Zelle – somit wird das Urteil nie rechtskräftig.
- Mit 20 Milliarden Schilling schlittert der „rote Handelsriese" Konsum 1995 in die größte Unternehmenspleite der Zweiten Republik.
- Beim schlimmsten Bergbauunfall Österreichs kommen 1998 in Lassing (Stmk.) zehn Kumpel ums Leben. 10 Tage nach der Katastrophe wird der 60 Meter unter Tag verschüttete Bergmann Georg Hainzl gerettet.
- Ein defekter Heizstrahler in einer Gletscherbahn löst am 11. 11. 2000 in Kaprun eine Brandkatastrophe aus: 155 Menschen sterben einen grauenvollen Feuertod.
- 2003 werden in Algerien 32 entführte Geiseln – unter ihnen zehn Österreicher – nach 53 Tagen des Bangens in der Sahara aus den Händen von Salafisten befreit.

Das unterseeische Horrorbeben im Indischen Ozean mit einer Magnitude von 9,1 ist das drittstärkste jemals aufgezeichnete Beben. Häuser an den Küsten werden von den Flutmassen zerstört.

Apokalyptische Katastrophe · Monsterwelle nach Seebeben

Tsunami fordert 230.000 Tote

Eine apokalyptische Naturkatastrophe erschüttert am Stefanitag 2004 die Welt! Nach einem Seebeben im Indischen Ozean rast eine Flutwelle auf die Küstengebiete Südostasiens zu – Wasserberge töten 230.000 Menschen.

Das Jahrhundert-Drama nimmt am 26. Dezember seinen tragischen Lauf: In 30 Kilometern Tiefe stoßen vor Sumatra die indisch-australische und die europäische Platte zusammen. Fatale Folge: ein Seebeben der Stärke Neun! Ruckartig hebt sich das Meer, und eine an die zehn Meter hohe Tsunami-Welle jagt mit 500 Stundenkilometern auf die Küstengebiete zu. Da es kein Frühwarnsystem gibt, sind die Menschen der nahenden Katastrophe hilflos ausgeliefert. Die Horrorwellen treffen mit fürchterlicher Wucht aufs Land. Als sich die Flut zurückzieht, bietet sich ein Bild der Verwüstung. Überall liegen Leichen. Häuser, ja ganze Dörfer sind weggespült worden. In zwölf Ländern werden insgesamt 230.000 Todesopfer beklagt. 1,7 Millionen Menschen rund um den Indischen Ozean sind obdachlos. Auch 86 Österreicher kamen in Thailand ums Leben.

Ex-Diktator Saddam Hussein wurde am 30. Dezember 2006 in Bagdad erhängt. Dem 66-Jährigen wurde wegen der Ermordung und Folterung Zehntausender im Irak der Prozess gemacht. Die USA hatten 2003 gegen den Irak einen Rache-Krieg gestartet. Obwohl Waffeninspektoren keinen Beweis für Massenvernichtungsmittel gefunden hatten, erteilte Präsident George W. Bush den Angriffsbefehl als militärische Antwort auf jahrelange Provokationen.

Jörg Haiders tragisches Ende: Der Kärntner Landeshauptmann und einer der prägendsten Politiker der 2. Republik, der gebürtige Oberösterreicher Jörg Haider, stirbt am 11. Oktober 2008 bei einem Autounfall in der Nähe von Klagenfurt. Der 58-Jährige war auf dem Weg zu seinem Anwesen im Bärental, wo der 90. Geburtstag seiner Mutter gefeiert werden sollte. Laut Obduktion saß Haider mit 1,8 Promille Alkohol im Blut betrunken am Steuer.

Als neues Präsidentenpaar tanzen Barack und Michelle Obama nach der Inauguration am 20. Jänner 2009 in eine neue Ära. Als erster schwarzer Staatschef verbreitet er mit seinem Slogan „Yes We Can" Optimismus über viele Grenzen hinweg. In Obamas Amtszeit (bis 2017) töten US-Soldaten 2011 den geflüchteten Al-Kaida-Chef Bin Laden.

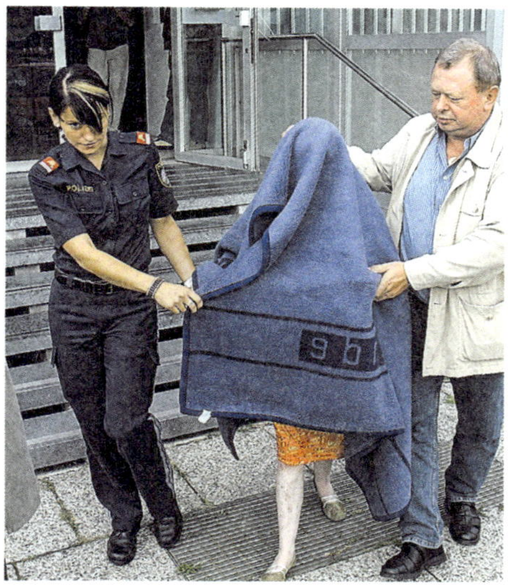

⊙ Natascha lebt! Eine Decke schützt sie vor neugierigen Blicken und Fotografen.

Beim Prozess verbirgt der barbarische Inzest-Vater sein Gesicht. Das Urteil: lebenslange Haft. ⊙

Natascha: 8 Jahre im Verlies **Amstettner Inzest-Tragödie**

Keller-Dramen des Horrors!

Die Keller-Tragödie um Natascha Kampusch und das Inzest-Drama von Amstetten erschüttern Österreich und sorgen weltweit für Schlagzeilen. Unfassbar: Nicht einmal die eigenen Familien ahnten etwas von den Dramen.

Natascha Kampusch lebt! Österreichs bis dahin größtes Kriminalrätsel ist geklärt, als die 18-Jährige im August 2006 in Strasshof (NÖ) nach ihrer Flucht aus dem Kellerverlies Polizisten in die Arme taumelt. Mehr als acht Jahre war die mittlerweile junge Frau von einem Ingenieur im Haus gefangen gehalten worden. Ihr Peiniger, der Einzelgänger Wolfgang Priklopil (44), wirft sich vor einen Zug.

Am 26. April 2008 beendet die Polizei in Amstetten (NÖ) ein unfassbares Martyrium: Ein 73-jähriger Ingenieur wird verhaftet. Er hatte seine heute 42-jährige Tochter 24 Jahre lang in einem Kellerverlies eingesperrt. Er missbrauchte die Frau und zeugte sieben Kinder mit ihr. Drei der Inzest-Kinder schloss er von Geburt an im Keller ein. Gleichzeitig führte die „Bestie" im selben Haus das Leben eines biederen Opas.

Als Kuss, der die Welt rührte, geht im April 2011 das Hochzeitsfoto von Prinz William und der bürgerlichen Catherine Middleton in Englands Adelsgeschichte ein.

Historischer Handschlag im Jahr 2019 zwischen Nordkoreas Diktator Kim und Südkoreas Präsident Moon zum Auftakt eines Gipfeltreffens. Ein kleiner Schritt zu einem vielleicht großen Neubeginn?

2004–2019

- Terror-Albtraum in Südrussland: 29 Rebellen stürmen 2004 eine Schule im nordossetischen Beslan und bringen 1100 Kinder, Lehrer und Eltern in ihre Gewalt. Die Befreiungsaktion der Militärs endet in einem Blutbad: 331 Menschen sterben.
- Am 2. April 2005 trauert die Christenwelt um Johannes Paul II. Der unbeugsame Papst (84), ein charismatischer Friedensapostel, ist heimgekehrt. Im Konklave wird Joseph Ratzinger zum ersten deutschen Oberhirten seit dem Jahr 1532 gewählt.
- 2007 landet der erste „Teurofighter" in Zeltweg. Die Anschaffungskosten von 1,6 Milliarden Euro für den Abfangjäger reißen ein Riesenloch ins Heeresbudget.
- Hollywoodstar Penélope Cruz bringt Österreich Glück: 2008 hatte sie Stefan Ruzowitzky den Oscar präsentiert. Im März 2010 überreicht der spanische Filmstar Christoph Waltz die Auszeichnung.
- „Ich komm' nach Hause!" Mit diesen Worten stürzt sich Teufelskerl Felix Baumgartner in 39 Kilometern Höhe aus einer Kapsel in freiem Fall auf die Erde. Mit 1357,6 km/h durchbricht er die Schallmauer. Ein Sprung vom Rande des Alls in die Geschichtsbücher.
- Papst Benedikt XVI. (85) verkündet 2013 seinen Rücktritt. Mit seinem Nachfolger, dem Argentinier Jorge Mario Bergoglio (75), sitzt erstmals ein Jesuit am Heiligen Stuhl.
- Udo Jürgens verlässt im Dezember 2014 die Bühne des Lebens: Bei einem Spaziergang im Schweizer Gottlieben bricht der Star-Entertainer zusammen und stirbt.
- Nach monatelangem Wahlkampf hat Österreich am 4. Dezember 2016 mit Alexander Van der Bellen ein neues Staatsoberhaupt.
- Schwarz-Blau einigen sich 2017 nach der Wahl auf eine Koalitionsregierung. Sebastian Kurz wird Kanzler.
- Rotweißroter Jubel bei den Olympischen Winterspielen in Südkorea: Die Österreicher erobern 14 Medaillen.

FPÖ am Ende!

Samstag, 18. Mai 2019 € 1,20

Kronen Zeitung
UNABHÄNGIG
Wien Krone
krone.at Ausgabe Nr. 21.221
Wien 1190, Muthgasse 2, 05 7060-0
Abonnement-Service: 05 7060-600

Wie die „Krone" gekauft werden sollte
Geheimes Video deckt Komplott auf

SEITEN 2 BIS 5

Einen Angriff auf die Unabhängigkeit und Unkäuflichkeit der „Krone" lieferten FPÖ-Vizekanzler Heinz-Christian Strache und sein folgsamer Klubchef Johann Gudenus – heimlich dokumentiert auf diesem Video. Der FPÖ-Chef bietet einer vermeintlichen russischen Oligarchin auch noch Staatsgeschäfte gegen Parteispenden an. Die Koalition steht vor dem Ende, Neuwahlen sind so nah wie noch nie.

Strache: Schau, schau. Sobald sie die Kronen Zeitung übernimmt

Foto: Screenshot/spiegel.de

Regierung DAS WAR'S

Sonntag, 19. Mai 2019 € 1,20

Kronen Zeitung
UNABHÄNGIG
Wien Krone

„GENUG IST GENUG!" Mit diesen Worten kündigte Bundeskanzler Sebastian Kurz gestern um 19:52 Uhr Neuwahlen an und beendete damit die Koalition mit der FPÖ. Der ÖVP-Chef kritisierte Ex-Vizekanzler Heinz-Christian Strache scharf, der Stunden zuvor unter Tränen wegen des skandalösen Ibiza-Videos ...

Immer mehr Details über Video-Drahtzieher

Ibiza-Spur zu zwei schönen Frauen

BERICHT SEITEN 6/7

FESTSPIELE IN CANNES
Wienerin will Goldene Palme
Regie-Ass Jessica Hausner zeigt Film
SEITEN 38/39

Freitag, 24. Mai 2019 € 1,20

Kronen Zeitung
UNABHÄNGIG
Wien Krone

REGIERUNGSKRISE
Kanzler zappelt
Scharfe Strafen

Arnie und Gabalier geht die Pumpe

EU WAHL-FINALE Sa. 25.05

Requiem im Stoffl für Niki Nazionale!

Ein Jahr Ludwig: Das große Interview

IN DER GASTRONOMIE
Gesünderes Essen für unsere Kinder
IM BRENNPUNKT, SEITEN 22/23

BLUTIGE MORDE
Mafiakiller ging in Prag ins Polizeinetz
SEITEN 24/25

Dieser Mai geht in die Geschichte ein: nur einige der vielen „Krone"-Schlagzeilen in den Tagen nach dem Ibiza-Video. „Krone"-Redakteurin Sandra Ramsauer (Bilder unten) machte sich auf der spanischen Partyinsel, dem seit Jahren Lieblings-Urlaubsdomizil des FPÖ-Chefs, auf Spurensuche. Sie fand auch die Original-Villa, unterhielt sich mit dem Vermieter und saß auf jenem Sofa im Wohnzimmer, auf dem der blaue Frontmann im Machtrausch über Parteispenden und Staatsaufträge plauderte. Jetzt ermittelt die Korruptionsstaatsanwaltschaft und die „Soko Ibiza".

EU-Wahl-Triumph als Turbo für Kurz

ÖVP gewann am Sonntag massiv · Minus bei SPÖ und FPÖ · Grüne Auferstehung · Wahlbeteiligung überraschend hoch · Kanzler vor heutigem Misstrauensantrag deutlich gestärkt

Montag, 27. Mai 2019 € 1,20

Kronen Zeitung
UNABHÄNGIG
Wien Krone

Studentin ist Straches Venusfalle

ZWEI WOCHEN FRÜHER
Rannersdorf-Tunnel ist wieder offen

RATHAUS-STIMMUNGSTEST
EU: So wählte Wien in allen Bezirken

Doping-Vorwürfe gegen den Skistar

GROSSES FEST AM RING
Staatsoper feiert 150. Geburtstag

stürzt über Ibiza-Video

FPÖ-Chef auf Partyinsel im Machtrausch gefilmt

Abwahl im Parlament – Urnengang im September

„We are going to Ibiza“ - der Partyhit der „Vengaboys“ Ende der 1990er stürmt 20 Jahre später im heurigen Sommer erneut die Charts. Anlass dazu ist die größte Polit-Krise in der Geschichte der Zweiten Republik. Sieben Minuten eines heimlich aufgenommenen Gesprächs, das deutsche Medien veröffentlichen, zeigen den damaligen FPÖ-Chef Heinz-Christian Strache, wie er 2017 in seinem Lieblings-Urlaubsdomizil einer vermeintlich russischen Oligarchin (in Wirklichkeit ein Lockvogel für die Videofalle) in einer Villa Staatsaufträge verspricht und wie man Parteispenden am Rechnungshof vorbeischleust. Unmittelbar nach dem Rücktritt des Vizekanzlers zieht Regierungschef Sebastian Kurz die Notbremse und beendet die türkis-blaue Polit-Ehe: „Genug ist genug!“ Doch der junge ÖVP-Chef muss als Altkanzler in die Neuwahlen Ende September gehen. Denn ihm selbst und seiner Ministermannschaft wird in blau-roter Koalition im Parlament das Misstrauen ausgesprochen.

Freitag, 31. Mai 2019 € 1,20

Kronen Zeitung

UNABHÄNGIG

Wien Krone

krone.at Ausgabe Nr. 21.234

Wien 1190, Muthgasse 2, 05 7060-0

Abonnement-Service: 05 7060-600

Die erste Kanzlerin

…sias, der einzigen Kaiserin Österreichs, …s neue Regierungschefin inthronisiert

BERICHTE SEITEN 2 BIS 5

KURZSCHLUSS

BERICHTE, KOMMENTARE, ANALYSEN AUF DEN SEITEN 2 BIS 13

Dienstag, 28. Mai 2019 € 1,20

Kronen Zeitung

UNABHÄNGIG

Wien Krone

krone.at Ausgabe Nr. 21.231

Wien 1190, Muthgasse 2, 05 7060-0

Abonnement-Service: 05 7060-600

MISSTRAUENSANTRAG

SPÖ und FPÖ jagen Regierung davon

BUNDESPRÄSIDENT AM ZUG

Acht Antworten, wie es weiter geht

GENUG VORZUGSSTIMMEN

„Flüchtet“ Strache nach Brüssel?

FALL IBIZA: DIE JUSTIZ ERMITTELT

Ein Polit-Beben und viele Folgen

NASA-LEGENDE IN WIEN

„Unser Planet ist sehr verletzlich“

Weltall-Legende Scott Joseph Kelly ruft in der „Krone“ anlässlich Schwarzeneggers Weltklimagipfel zur Rettung der Erde auf.

SEITE 22

MITTEN IN WÄHRING

Frau (72) im Haus fast verhungert

Eine Rentnerin hauste offenbar über Monate ohne Strom und Wasser völlig verwahrlost in ihrer Wohnung in der Kutschkergasse.

SEITE 31

„OPERATION ADERLASS“

Reichelt weiter im Visier der Ermittler

Die Doping-Affäre weitet sich aus, am Montag bestätigte die Justiz Ermittlungen gegen Skistar Hannes Reichelt – der dementiert.

SPORT

Historische Aufnahme unter dem Porträt von Österreichs Erzherzogin Maria Theresia in der Hofburg: Brigitte Bierlein ist die erste Kanzlerin in der Zweiten Republik. Die Höchstrichterin bildet mit unabhängigen Experten eine Beamtenregierung. „Krone“-Titelseite links: Sebastian Kurz beim Abgang aus dem Parlament.

BITTE BLÄTTERN SIE UM

Wer die „Krone" übernimmt

Russisches Geld, feuchtfröhliche Abende, geheimnisvolle Frauen, das ist das Umfeld, in dem sich Szenen abspielen, die jetzt geeignet sind, die Regierung zu sprengen. Völlig unverblümt wird erklärt, wie man sich mit der Hilfe von obskuren Geldgebern den Einfluss der „Krone" krallen will.

Zu dem Zeitpunkt, als FPÖ-Chef Strache und sein Vize Gudenus im partygeschwängerten Ibiza in die Video-Falle gingen, war längst bekannt, dass die deutsche Funke-Gruppe ihren 50 Prozent-Anteil an der „Krone" abstoßen will. Hier vermutete man ein Einfallstor. „Eine Zeitung ist eben mehr als nur Druckerschwärze und Papier, sie ist immer auch mit dem Herzblut ihrer Redakteure geschrieben", wird Gustav Davis, der die „Krone" schon in der Monarchie herausbrachte, oft zitiert.

Diese Unabhängigkeit der Redaktion ist das Objekt der Begierde, mit der sich mächtige Interessensgruppen oder milliardenschwere Finanzinvestoren gerne schmücken würden. „Die ‚Krone' ist ‚DAS MEDIUM', wenn die einen ‚pushen', kann man alles erreichen", hört man Strache im Ruderleiberl schwadronieren. Wegen ihres Einflusses ist sie ständig bedroht, denn so mancher würde sich gerne die Krone aufsetzen. Eine große Verantwortung liegt in der Redaktion.

Mit Mut, Haltung und ihrer kritischen Einstellung gegenüber den Mächtigen hat sie seit jeher alle Einflüsse abgewehrt und Erfolgsgeschichte geschrieben. Einzig ihren Lesern verpflichtet wird sie das auch weiterhin tun – allen Gewalten zum Trotz!

Aurelius

Zack, Zack, Zack

Der Moment seines Rücktritts als Vizekanzler und FPÖ-Chef: Heinz-Christian Strache, flankiert von der Sozial- und Außenministerin. Auf dem Ballhausplatz kommt es zu einer Groß-Demo gegen die Regierung.

Strache tritt von allen Funktionen zurück
Bundespräsident entlässt Innenminister
Kickl weg – Kurz im Parlament abgewählt

Dieser Mai hat es politisch in sich! Nach dem Rücktritt von Heinz-Christian Strache (50) als Vizekanzler und FPÖ-Chef entlässt Bundespräsident Alexander Van der Bellen mit Herbert Kickl erstmals einen Minister in der Geschichte der Zweiten Republik. Ebenso historisch: Die Abwahl von Kurz und der Regierung.

Das Ibiza-Video mit einem blauen Frontmann im Machtrausch (Parteifreund Johann Gudenus fungiert als „Übersetzer") bringt die Regierung zu Fall. Denn Strache will nicht nur die Republik verscherbeln, sondern fabuliert auch von einer Übernahme der „Krone" und – „Zack, Zack, Zack" – dem Austausch ihm nicht genehmer Journalisten.

Wenige Stunden, nachdem zwei deutsche Medien den Polit-Skandal ins Rollen bringen, tritt ein sichtlich gezeichneter Vizekanzler vor die heimische Presse, spricht von einem „typisch alkoholbedingten Macho-Gehabe" – und legt nach 28 Jahren in der Politik alle Ämter nieder. Norbert Hofer übernimmt als Parteiobmann. Zu diesem Zeitpunkt scheint ein Weiterarbeiten von Türkis-blau noch durchaus möglich…

Am Abend desselben Tages dann der Paukenschlag: Kanzler Sebastian Kurz erklärt die Koalition für beendet! Wirklich schwerwiegend seien die Ideen des Machtmissbrauchs, der Umgang mit dem Steuergeld und der Presse. Vor allem aber habe er in den Gesprächen mit der FPÖ nicht das Gefühl gehabt, dass es abseits der Rücktritte wirklich Bereitschaft für eine tiefgreifende Veränderung auf allen Ebenen der Partei gibt.

Die Folgen gehen in die politische Geschichte der Zweiten Republik ein: Denn nicht nur, dass ein Bundespräsident mit Herbert Kickl erstmals einen (Innen-)Minister entlässt – mit ihm tritt auch die blaue Mannschaft geschlossen ab –, kommt es darauf auch zum Sturz der verbliebenen türkisen Regierungstruppe.

Sebastian Kurz, seinen Ministern und auch den eben erst eingesetzten unabhängigen Experten wird von SPÖ, FPÖ und der Liste JETZT das Misstrauen im Parlament ausgesprochen.

ins Abseits

⊙ Abgewählt! Altbundeskanzler Sebastian Kurz winkt zum Abschied im Parlament. Norbert Hofer übernimmt als FPÖ-Parteichef, Kickl geht als Innenminister und wird Klubobmann. ⊙

Betrifft Österreich

KLAUS HERRMANN

Vertrauen

Was für atemberaubende Zeiten! Heute um 18 Uhr sind es gerade einmal zwei Wochen, dass deutsche Medien das Ibiza-Video der damaligen FPÖ-Spitzenpolitiker Strache und Gudenus veröffentlichten. 18 Stunden später ist der Vizekanzler Geschichte. 25 Stunden später kündigt Kanzler Kurz die türkis-blaue Regierung auf und ruft Neuwahlen im September aus. Drei Tage nach Ibiza wirft Kurz FPÖ-Innenminister Kickl aus der Regierung. Vier Tage nach Ibiza verlassen die blauen Minister geschlossen die Regierung.

Am 5. Tag gelobt der Bundespräsident die Ersatzminister an. Am 9. Tag feiert die ÖVP einen fulminanten Sieg bei den EU-Wahlen.

Am 10. Tag entzieht eine SPÖ-FPÖ-Liste-Jetzt-Mehrheit im Parlament der Kurz-Regierung das Vertrauen. Am 11. Tag wird die Regierung mit Kanzler Löger vom Präsidenten mit den Amtsgeschäften betraut. Am 13. Tag stellt Van der Bellen die VfGH-Präsidentin Bierlein als neue Kanzlerin vor.

Wie betitelte die „Süddeutsche Zeitung" ihre durchwachsene Beschreibung des aktuellen Zustandsbildes Österreichs? Bist Du deppert?

Ja, das darf man sich fragen. Man darf sich fragen, wie das alles noch ausgeht. Man darf hoffen, dass die vom Präsidenten und der neuen Kanzlerin gebrauchte Formulierung „Vertrauensregierung" Wirklichkeit wird. Bierlein kündigt an, sie wolle das Vertrauen der Österreicher gewinnen.

Ja, um das Vertrauen kämpfen müssen vor allem auch die „echten" Politiker im Wahlkampf. Denn allzu viel haben sie in knapp zwei Wochen zerstört!

Ruhepol in turbulenten politischen Zeiten: Bundespräsident Alexander Van der Bellen lobt die parteilose Übergangsregierung mit einem Expertenkabinett und der ersten Frau als Kanzlerin in der Hofburg an.

Eine Richterin als

Bierlein erste Frau an Regierungsspitze

Parteiloses Expertenkabinett angelobt

Staatslenker auf Zeit! Nach dem Sturz von Kurz übernehmen parteilose Experten bis zur Angelobung einer neuen Regierung. Und das könnte bis 2020 dauern: Denn nach der Wahl am 29. September folgen schwierige Koalitionsverhandlungen. Mit Brigitte Bierlein wird in der Hofburg erstmals eine Frau als Kanzlerin angelobt.

Die 70-jährige Präsidentin des Verfassungsgerichtshofes der Republik Österreich erklärt in ihrer ersten Rede an die Nation: „Wir werden uns um Vertrauen bemühen, nämlich der Bürger, Parteien, Amtsträger, der Zivilgesellschaft und der Religionsgemeinschaften." Sie sei sich der Verantwortung ihres Amtes bewusst und nehme dieses in Demut an.

In diesen turbulenten politischen Tagen steigen die Beliebtheitswerte von Bundespräsident Alexander Van der Bellen als besonnener Fels in der Brandung aufwallender Er- und Aufregung stark an. Zuerst findet er klare Worte zum Ibiza-Video bzw. dem Inhalt: „Die Bilder, die uns erreichen, zeigen ein verstörendes Sittenbild, das unserem Land, unserem Österreich nicht gerecht wird. Es sind beschämende Bilder. Und niemand soll sich für Österreich schämen müssen. Ich möchte das in aller Deutlichkeit sagen: So sind wir nicht! So ist Österreich einfach nicht!"

Wohltuend beruhigend ist der 75-Jährige auch in der Phase des Suchens und Findens einer Übergangsregierung. Das sei zwar kein alltäglicher, aber doch im Grunde genommen ein ganz normaler, demokratischer Vorgang. Und was ihn dabei beruhige: „Wir haben unsere elegante österreichische Bundesverfassung, die uns durch diese Tage leitet. Und auf die Bundesverfassung ist Verlass."

Das Expertenkabinett mit der ersten Frau an der Spitze muss nun bis zur Bildung einer neuen Regierung das Land verwalten. Politische Beobachter gehen davon aus, dass nach der Nationalratswahl am letzten Sonntag im September die darauffolgenden Koalitionsverhandlungen bis ins neue Jahr andauern könnten.

Als Favorit für den Urnengang gilt jedenfalls die ÖVP, Platz zwei könnte – trotz Strache-Skandal – ein enges Rennen zwischen SPÖ und FPÖ werden.

Kanzlerin

Nach nicht einmal zwei Wochen als Innenminister übergibt der pensionierte Höchstgerichts-Präsident Eckart Ratz (re.) die Polizeifahne an Wolfgang Peschorn.

Die 70-jährige Präsidentin Brigitte Bierlein im Talar – nun wechselt die Verfassungsrichterin ins Kanzleramt. Sie ist die erste Frau an der Spitze einer Regierung.

Inferno nach Absturz ▸ Flugbegleiter rettete Passagiere und starb als Held:

37 Menschen vor Tod gerettet

41 Todesopfer – das ist die Bilanz eines Infernos auf dem Moskauer Flughafen Scheremetjewo. Erst wurde die Aeroflot-Maschine von einem Blitz getroffen, dann platzte bei der Notlandung der volle Treibstofftank. Das Feuer breitete sich rasant aus. Dass 37 Menschen überlebten, ist allein der heldenhaften Besatzung zu verdanken.

Kaum hatte die Suchoi Superjet 100 den Boden berührt, fing die Maschine Feuer. Binnen 55 Sekunden konnten sich etliche Flugzeuginsassen aus dem vorderen Teil retten. Doch aus dem Heck der Maschine gab es kaum ein Entkommen. Flugbegleiter Maksim Moiseev gelang es dennoch, Passagiere ins Freie zu geleiten. Er blieb so lange in der Maschine, bis diese Fluggäste in Sicherheit waren. Er selbst starb in den Flammen. Im Chaos versuchten manche Leute noch ihr Handgepäck mitzunehmen und blockierten die Gänge. „Ich habe einige am Kragen gepackt und regelrecht zum Notausgang gezerrt", so Flugbegleiterin Tatjana Kasatkina.

Besonders mutig zeigte sich auch der Co-Pilot: Er kletterte in die brennende Maschine zurück und rettete einen Kollegen sowie einen Passagier.

Aus der lichterloh brennenden Maschine rettete Flugbegleiter Maksim Moiseev (li.) viele der Passagiere. Er starb als großer Held. Der verkohlte Passagierraum.

Lizz als neue „Dancing Queen"

Es kann nur eine geben – und in der 12. ORF-Staffel „Dancing Stars" ging Ex-Ski-Königin Lizz Görgl (ganz rechts) mit Tanzpartner Thomas Kraml als Siegerin vom Platz. „Man kann sich den Sieg ja nur erhoffen. Entschieden hat aber das Publikum", so die überglückliche Lizz. Gewinner der Herzen war Michael Schottenberg. Bei der Aftershowparty kam es dann zum Showdown der ehemaligen Kontrahenten: Jurorin Karina Sarkissova (re.) und der Kärntner Tanzbär Stefan Petzner gaben einander ein Versöhnungsbusserl.

Überglücklich: Herzogin Meghan, Prinz Harry & Baby Archie

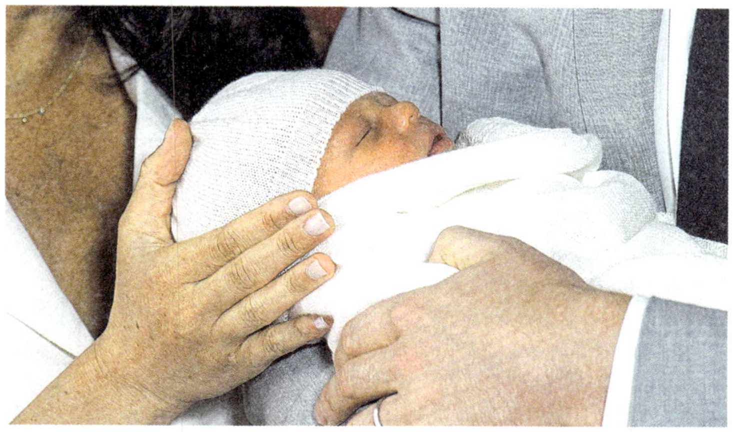

Die stolzen Eltern halten das Familienglück in ihren Händen.

Royales Baby in Londoner Luxusklinik entbunden

Englands Königshaus jubelt über Klein Archie

„Es ist magisch, es ist total toll. Ich habe die zwei besten Männer der Welt an meiner Seite", erklärt Herzogin Meghan freudestrahlend beim ersten großen Fototermin in der prachtvollen St George's Hall auf Schloss Windsor. Das Baby sei in den letzten Tagen „ein Traum" gewesen. Wem der Nachwuchs ähnlich sehe, konnte das Paar noch nicht beantworten. „Archie verändert jeden Tag sein Aussehen", lacht Prinz Harry in die Kameras. Dann dankt die 37-jährige Meghan für „all die Glückwünsche und die Güte, die uns entgegengebracht wurden". Offizieller Name des jüngsten Royals: Archie Harrison Mountbatten-Windsor.

„Danke für die vielen Gebete und Glückwünsche", so meldet sich Christoph Kardinal Schönborn nach seiner Krebsoperation kurz vor Pfingsten zurück. Nachdem Österreichs Oberster Hirte den Routine-Eingriff im Wiener Krankenhaus der Barmherzigen Brüder gut überstanden hatte, entzündeten viele Gläubige in Kirchen Kerzen für seine weitere Genesung und fromme Gebete erklangen. Die positive Nachricht löste bei Tausenden eine Riesenerleichterung aus. „Bei jedem Rosenkranz haben wir unseren Kardinal ins Gebet miteingeschlossen", so ein Mitglied einer privaten Gebetsrunde.

Der Tenno geht, es lebe der Tenno

In einer nur knapp zehnminütigen Zeremonie dankt der 85-jährige Kaiser Akihito als erster japanischer Monarch seit 200 Jahren freiwillig ab. Er habe seine 30-jährige Amtszeit mit „tiefem Respekt und mit Liebe für das Volk" ausgeübt. Mit dem 1. Mai geht die Herrschaft des Tenno an seinen ältesten Sohn Naruhito (59) über.

Jeder 8. Lehrer am Ende seiner Kräfte

Beschimpfungen und Demütigungen bis hin zu Gewalt: Nach der „Spuck-Affäre" an einer Wiener HTL – Schüler pöbelten, bis ein Lehrer spuckte – zeigt sich, dass die Zustände für viele Pädagogen oft extrem belastend sind. Eine Untersuchung ergibt: Schon jeder achte Lehrer ist am Ende seiner Kräfte und fühlt sich ausgebrannt.

Niki Lauda im legendären Ferrari; der Schock vom Nürburgring 1976 (li.u.), 42 Tage nach dem Crash sitzt er in Monza wieder im Rennauto. Plauderei mit „Erzfeind" James Hunt

Kämpferherz unserer Rennsportlegende schlägt nicht mehr

Machs gut Niki - Abschied von Nationalheld Lauda

Das Kämpferherz unserer rotweißroten Rennsportlegende hört am 20. Mai zu schlagen auf. Der 70-jährige Niki Lauda schließt im Kreis seiner Familie für immer die Augen. Freunde und Wegbegleiter aus aller Welt pilgern in den Stephansdom, um Niki Nazionale die letzte Ehre zu erweisen und seiner Familie beizustehen.

„Formel-1-Weltmeister zu werden – für diesen Traum lebte Niki Lauda. Er brach dafür sogar mit seiner Familie, ging durch die Feuerhölle und wurde als Dreifachweltmeister zur Motorsport-Legende", so bringt „Krone"-Experte Richard Köck den Weg des „Champions mit dem eisernen Willen" auf den Punkt. „Niki, du warst ein einzigartiger Kämpfer. Wir lieben und vermissen dich auf ewig und für immer", verabschiedet sich seine Familie von ihm. Von einer Lungentransplantation im Vorjahr hatte sich Lauda nie wieder erholt. Die Sportwelt sagt „Adieu Niki" – aber auch ein erfolgreicher Flugunternehmer geht für immer.

Aufgebahrt im Wiener Stephansdom, der Helm auf Nikis Sarg, Freunde aus der Formel-1-Welt als letzte Weggefährten . . .

27 Jahre auf Raubtour:

28 Banken in EU überfallen

Eine Schwede legte in 27 Jahren – von 1991 bis 2018 – eine beispiellose Überfallserie in halb Europa hin. Erst ein Hinweis nach „Aktenzeichen XY" führte nun zur Festnahme. Der Verdächtige hat laut Bundeskriminalamt sowie dem Wiener Landeskriminalamt allein bei uns 15 Geldinstitute und eine Apotheke überfallen. Der 54-jährige Pistolero verprasste die Millionenbeute auf Thailand-Urlauben und in diversen Wettlokalen.

Aufatmen bei Österreichs Bauern und Konsumenten. Denn der gerade rechtzeitig einsetzende Regen hat – nach langer Trockenheit – die heimische Erdäpfelernte endlich in Schwung gebracht. Zumal wegen eines überaus starken Schädlingsbefalls die heimischen Reserven schon im April zu Ende gegangen waren. Jetzt sind endlich Frühkartoffeln da.

Kriminelles Netzwerk in Rumänien • Syrer als Anführer

Bande schleppt 300 Illegale

Der mutmaßliche Schlepperboss bei seiner Verhaftung

Polizeieinheiten in Rumänien stürmen 16 Bandenverstecke. Von dort aus schleusten Schlepper mehr als 300 Flüchtlinge über Ungarn nach Wien. „Geleitet hat das Netzwerk ein Syrer", so „Krone"-Redakteur Klaus Loibnegger. Nach sechsmonatigen Ermittlungen nahmen die Einsatzkräfte 20 Verdächtige – unter ihnen Syrer, Bulgaren und Türken – fest. Wobei die Menschenhändler nach dem Prinzip der Aufgabenverteilung agierten: Die einen gingen auf „Kundenfang", die anderen kümmerten sich um Quartiere und Transporte, und die dritte Abteilung hatte die Finanzen über.

- So ein „blaues Wunder" wollten wir nicht erleben: Mit ihrem Song „Limits" ist für Österreichs Song-Contest-Vertreterin Pænda – sie trägt beim Auftritt blaues Haar – schon bei der 2. Vorausscheidung in Israel Schluss.
- Diese Internet-Challenge geht auf keine Kuhhaut: Ein Schweizer Digital-Unternehmen fordert mit der „#KuhKussChallenge" seine User auf, Kühe zu küssen und die Fotos dann online zu stellen. Es hagelt geharnischte Kritik: „Gefährlicher Unfug!"
- Kami Rita Sherpa stellt den Mount-Everest-Rekord ein. Der 49-jährige Nepalese erklimmt den höchsten Berg der Welt (8848 m) seit 1994 heuer zum bereits 23. Mal.
- Im US-Staat Alabama wird das strengste Abtreibungsgesetz verabschiedet: Medizinern wird untersagt, Schwangerschaftsabbrüche bei Vergewaltigung oder Inzest durchzuführen. Bei Missachtung drohen 99 Jahre Haft.
- In der Ukraine wird der ehemalige Komiker Wolodymyr Selenskij als neuer Staatschef angelobt. Der erst 41-Jährige kündigt baldige Parlamentswahlen an.
- Nach 42 Damenhandball-Meistertiteln in Folge wird Hypo NÖ sensationell von Atzgersdorf entthront. Eine herbe Enttäuschung für Ex-Trainer Gunnar Prokop (78).
- Österreichs Eishockey-Team verabschiedet sich bei der WM in Bratislava wieder aus der A-Gruppe. Nach einer Niederlage in einem Penalty-Krimi mit 3:4 – die siebente Pleite im siebenten Spiel – folgt der blamable Abstieg.
- Familientragödie im US-Staat South Carolina. Jermaine Pressley erschießt seine Tochter Nadeja (23), weil er sie für einen Einbrecher hielt. Der 43-jährige Vater wird zudem noch wegen illegalem Drogen- und Waffenbesitz angeklagt.
- Laut Statistik leben knapp 8,86 Millionen Menschen in Österreich. Im Vorjahr gab es 85.535 Geburten in der Alpenrepublik. Das heißt in Zahlen: 1560 neue Erdenbürger mehr als Todesfälle.

Salutschüsse für US-Präsident

Britischer Pomp bei Besuch von Trump

Donald Trump, der Mann mit zwei Gesichtern: Überheblich lächelnd gibt er sich in London beim Staatsbesuch mit Queen Elizabeth II. Eiskalt schickt er nur eine Woche später ein Kampfgeschwader der US-Luftwaffe Richtung Iran und bläst den Angriff erst in letzter Minute ab: Er ist der Mann, der über Krieg und Frieden entscheidet! Ein weiterer Machtmensch, der türkische Sultan Erdoğan, erhält einen politischen Dämpfer: Trotz der von ihm durchgeboxten Wahlwiederholung erringt sein Gegner Ekrem İmamoğlu den Sieg. Ein Schiffsdrama auf der Donau in Budapest mit 28 Toten überschattet den Sommerbeginn, Jubel gibts dafür für unser Tennisass Dominic Thiem: Er erringt in Kitzbühel den ersten Turniersieg in der Heimat.

Trump lächelt hinter dem Rücken der Queen.

UNICEF schlägt Alarm

765 Mio Kinder minderjährig verheiratet!

Erschreckende Daten veröffentlicht das Kinderhilfswerk der Vereinten Nationen (UNICEF) mit Sitz in New York: In den vergangenen zehn Jahren ist die Zahl der minderjährig verheirateten Eheleute auf 765 Millionen angestiegen. Die Zwangsheirat von Frauen ist zwar von 25 auf 21 Prozent gesunken, dafür sind die Eheschließungen von Burschen gestiegen: 115 Millionen Männer, die heute zwischen 20 und 24 Jahre alt sind, waren zum Zeitpunkt der Heirat noch keine Fünfzehn. Der Libanon zählt zu den Ländern, wo die Kinderehe gesetzlich erlaubt ist.

Traumkulisse: das Wiener Rathaus. Gery Keszler warnt: „Es war keine Laune von mir, sondern wir hatten keine andere Wahl. AIDS ist noch nicht besiegt!"

Lady in Red, Dita von Teese, in einem Kleid der Designerin Lena Hoschek. Stammgäste: Chris Lohner & Paul Bernhard

Der Life Ball sagt laut „Adieu" . . .

Seit 1993 war der Life Ball die größte Benefiz-Show in Europa für HIV-infizierte und an AIDS erkrankte Menschen. Jährlich (außer 2016) begeisterte das von Gery Keszler ins Leben gerufene Event Millionen. Nun wird der Abschied verkündet. Dagmar Koller (re.), deren Achtziger beim Fest gefeiert wurde, wünscht sich aber ebenso wie Bürgermeister Michael Ludwig eine Fortsetzung des Life Balls.

Bild des Monats

Krieg in letzter Minute abgesagt! Die Kampfjets waren bereits in der Luft, als US-Präsident Donald Trump den Befehl zum Angriff auf den Iran in allerletzter Minute zurückzog. Der Militärschlag wäre eine Vergeltung auf die Interventionen iranischer Schnellboote gegen Erdöltanker sowie gegen den Abschuss einer US-Drohne durch Teheran gewesen.

Flusskreuzfahrtschiff rammt ungarisches Ausflugsboot in Budapest ▸ Kapitän

Donau-Schiffsunglück fordert

Das Wrack des Ausflugsbootes „Hableány" wird unmittelbar bei der Budapester Margaretenbrücke von einem Kran gehoben.

Für E-Scooter gelten ab 1. Juni neue Regeln ▸ Hohe Strafen

Strenge Gesetze sollen flotte Flitzer im Verkehr einbremsen

Da immer mehr Österreicher auf die trendigen Roller abfahren, gilt ab 1. Juni ein neues Gesetz für „E-Scooter". Verboten ist künftig etwa das Fahren auf Gehsteigen, das Gefährt betrunken (0,8 Promille-Grenze) zu manövrieren oder beim Dahinrollen per Handy zu telefonieren.

„Die elektrischen Roller sind vor allem aus unserem städtischen Verkehrsbild anno 2019 nicht mehr wegzudenken", so bringt das Redakteursduo Matthias Lassnig und Christian Ebeert die Situation auf den Punkt. Deshalb müssen die flinken Flitzer nach Beendigung der Fahrt so abgestellt werden, dass sie keine Stolperfallen darstellen. Und ist ein Radweg vorhanden, so muss dieser – aber mit maximal 25 Stundenkilometern – benutzt werden.

„Das Zu-zweit-Fahren auf einem E-Scooter im Straßenverkehr ist nicht erlaubt! Laut Gesetz dürfte das sogar mit einer Strafe von bis zu 726 Euro geahndet werden", klärt Polizeijurist Manfred Reinthaler die „Krone"-Leser auf, nachdem immer mehr Anfragen zur Scooter-Mania in der Redaktion eingelangt waren.

So viel Spaß das Rollen auch macht, so gefährlich kann es werden, wenn sich Benützer nicht an Vorschriften – etwa an das „Doppel-Scooting"-Verbot – halten.

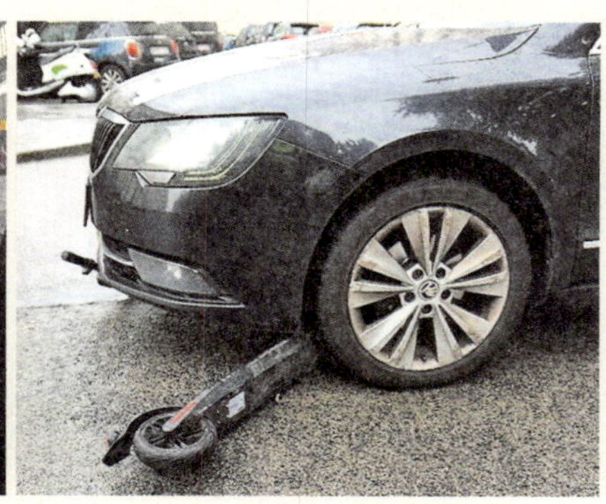

ach Kollision verhaftet > Cobra vor Ort

28 Todesopfer

Ein entsetzliches Schiffsunglück auf der Donau mitten in Budapest fordert 28 Tote! Nachdem das riesige Kreuzfahrtschiff „Viking Sigyn“ das viel kleinere Ausflugsboot „Hableány“ gerammt hatte, ging dieses binnen weniger Sekunden unter. Sieben Passagiere können sich retten, der „Viking“-Kapitän wird verhaftet.

30 südkoreanische Touristen sowie drei Reisebegleiter und zwei ungarische Besatzungsmitglieder sind an Bord der Ausflugsbootes, als dieses von der 135 Meter langen „Viking Sigyn“ gerammt und zum Kentern gebracht wird. Das Kreuzfahrtschiff hätte seine Geschwindigkeit vermindern und die Durchfahrt des kleinen Dampfers abwarten müssen. Doch der ukrainische Kapitän (64) verabsäumte das. Er wird deshalb wegen des Verdachts der Gefährdung des Schiffsverkehrs mit Todesfolge verhaftet und kommt später gegen eine Kaution und strenge Auflagen auf freien Fuß.

Trotz aller Rettungsversuche – auch ein zehnköpfiges Taucherteam unserer Anti-Terror-Einheit Cobra ist im Einsatz – können bis zum 1. Juni nur noch Tote und das Wrack der „Hableány“ geborgen werden.

Sichtlich geschockt inspiziert die südkoreanische Außenministerin Kang Kyeong-hwa die Unglücksstelle bei der Budapester Donaubrücke. Verzweifelt suchen Dutzende Taucher in den Fluten des Stroms nach Überlebenden.

Heiß, heißer, Christina Aguilera! So titelt Redakteur Kálmán Gergely seinen „Adabei-international“-Beitrag über den kurvigen Popstar aus New York. Denn Christina ist zurück mit Pauken und Trompeten – oder besser gesagt mit wenig Kleidung und viel Musik. Zudem lässt sie die Hüllen fallen und spricht offen über ihren Ausstieg als Jurorin bei „The Voice“: „Ich war so unglücklich dort und freue mich darauf, zu meinen Wurzeln zurückzukehren zu dem, was ich am besten kann.“ Die Rede ist natürlich von ihrer Musik sowie ihrer fulminanten Show in Las Vegas.

Wegen der anhaltenden Dürre sollen 1000 Wildtiere, darunter 28 Elefanten, verkauft werden

Namibia will Fauna auf unkonventionelle Art schützen:

Tausend Wildtiere versteigert

Hitze und Trockenheit im Süden Afrikas machen Mensch und Tier zu schaffen. Namibias Regierung will deshalb bis zu tausend Wildtiere aus Nationalparks versteigern. Einerseits soll die Versorgung der Tiere sichergestellt werden, andererseits soll das erwirtschaftete Geld in den Naturschutz fließen. Man hofft, dass vom Erlös 900.000 Euro in Schutzprojekte fließen können. Verkauft werden sollen rund 600 Büffel, 150 Springböcke, 30 Gazellen, 60 Giraffen sowie 28 Elefanten.

Bei erzwungener

Türkei:

Schallende Polit-Ohrfeige für den türkischen Präsidenten Erdoğan bei der Bürgermeisterwahl in Istanbul: Auch bei der von ihm selbst erzwungenen Wiederholung des Urnenganges gewinnt mit Ekrem İmamoğlu der Kandidat der säkularen Opposition:

und zwar mit 54% der Wählerstimmen, also knapp 10% (740.000 Stimmen) Vorsprung. Entsprechend groß fällt deshalb der Triumph der İmamoğlu-Anhänger über den Sieg aus.

Millionen jubeln in der Bosporus-Metropole, Autos verstopfen die Straßen, Hupkonzerte und Freuden-

Mit Hurra-Patriotismus dem Ende entgegen: Paulus Mankers „Letzte Tage"-Supershow

„Letzte Tage der Menschheit"

Eine Versuchsstation für den Weltuntergang

„Am Ende steht allen die Erschöpfung ins Gesicht geschrieben", so fasst „Krone"-Kulturredakteur Oliver Láng die Inszenierung in der Wiener Neustädter Serbenhalle zusammen: „Fast sieben Stunden lang bezwingt Paulus Manker Kraus' monumentales und fast unspielbares Mammutwerk ‚Die letzten Tage der Menschheit'". Kraus lieferte ein Bild der Kriegsjahre, das jeden Hurra-Patriotismus austreibt: das Erschreckende, Böse, Dumme, Banale, Absurde hautnah. Diese Endzeitstimmung ist Mankers Ausgangspunkt.

Wahlwiederholung in Istanbul siegt Oppositionskandidat İmamoğlu deutlich

Polit-Ohrfeige für Erdoğan!

tränen bei vielen. Istanbul, seit Jahren in der Hand islamischer Parteien, feiert nach dem deutlichen Triumph des säkularen Oppositionsführers über den Kandidaten von Präsident Erdoğan seinen Wandel. „Das ist kein Sieg, sondern ein Neuanfang", gibt sich İmamoğlu von der republikanischen Volkspartei bescheiden.

„Erdoğan ist trotz der großen Niederlage noch lange nicht am Ende. Der Sieg ist İmamoğlu nur gelungen, weil sich alle Oppositionskräfte inklusive der Kurden geschlossen hinter ihn gestellt haben", so die Analyse von „Krone"-Politikexperten Christian Hauenstein.

Wahlsieger İmamoğlu bleibt trotz Triumph am Boden. Siegestaumel in den Straßen Istanbuls

Schauspielerin Elfriede Ott stirbt 94-jährig an Altersschwäche im Kreise ihrer Familie in Wien. Die Doyenne des Wiener Theaters in der Josefstadt war nicht nur als großartige Schauspielerin, sondern auch als Kabarettistin beliebt. In ihrem letzten Kinofilm, „Die unabsichtliche Entführung der Frau Elfriede Ott", spielte sie sich mit 85 Jahren selbst und machte den Streifen zum bestbesuchten österreichischen Film des Jahres 2010 (237.000 Besucher).

7,3 Milliarden Euro für Online Shopping

Die Österreicher haben im Vorjahr so viel Geld beim Online Shopping ausgegeben wie noch nie: In Summe waren es 7,3 Milliarden Euro, die in die Kassen in- und ausländischer Online-Händler flossen. Lediglich 3,3 Milliarden Euro gingen zu heimischen Einzelhändlern. Am liebsten werden Kleidung, Bücher und Elektrogeräte online erstanden.

Rolls-Royce fliegt auf die Voest! Die voestalpine hat vom britischen Traditionsunternehmen Rolls-Royce einen Auftrag über zehn Jahre für Hightech-Teile von Jet-Triebwerken erhalten. Schon heute liefert die Voest Komponenten für alle großen Flugzeuge und setzt dabei mehr als 400 Millionen € um. Mittelfristig soll das Luftfahrt-Geschäft auf 500 Millionen € steigen.

Schiff ahoi – das Traumschiff ist zurück! Mit Neo-Kapitän Florian Silbereisen, der künftig statt Sascha Hehn das Ruder übernimmt, sticht der ZDF-Dampfer wieder in See. Mit an Bord geht auch eine Promi-Crew. So etwa die 80-jährige Gritt Boettcher. Die legendäre Schauspielerin ist in zwei Folgen des „Traumschiff"-Ablegers „Kreuzfahrt ins Glück" an Silbereisens Seite zu sehen.

Österreich bekommt vor EU-Gericht

Maut-Sieg

Ein Jahr bevor sie hätte in Kraft treten sollen, ist sie auch schon wieder Geschichte: die deutsche Pkw-Maut. Der Europäische Gerichtshof (EuGH) hat der Vertragsverletzungsklage Österreichs recht gegeben – und damit ein richtungsweisendes Urteil gegen die Ungleichbehandlung von Bürgern aus anderen EU-Ländern gesetzt.

„Die deutsche Vignette für die Benutzung von Bundesfernstraßen durch Personenkraftwagen verstößt gegen das Unionsrecht", stellt der Europäische Gerichtshof fest. Geplant war, die Maut ab Oktober 2020 einzuheben. Zur Kasse gebeten worden wären letztlich nur Autofahrer aus dem Ausland. Deutsche Pkw-Lenker hätten ihre Mautgebühr durch die Hintertür – nämlich eine geringere Kfz-Steuer – wieder zurückbekommen. „Und genau dieses Urteil ist laut EuGH rechtswidrig, weil es Bürger aus anderen EU-Ländern diskriminiert", so „Krone"-Innenpolitikredakteurin Sandra

Zwei Todesopfer und 15 Verletzte nach Gas-Unglück in Wiener Gemeindebau

Krimi um Explosions-Haus!

Entsetzen nach einer verheerenden Gasexplosion in einem Gemeindebau im vierten Wiener Bezirk: Das Unglück fordert zwei Tote sowie 15 zum Teil schwerst verletzte Opfer. Die Ursachenforschung entwickelt sich zum Nervenkrimi. Laut ersten Ergebnissen sprengte sich ein Koch in die Luft und riss eine Nachbarin mit in den Tod!

Am 27. Juli erschüttert eine Detonation um 16.30 Uhr den 4. Wiener Bezirk. Anrainer befürchten, dass in der Preßgasse eine Bombe detoniert ist. Bald stellt sich heraus, dass eine Gasexplosion das fünfstöckige Gebäude beinahe zum vollständigen Einsturz gebracht hat. Die Hilfs- und Aufräumungsarbeiten gestalten sich ebenso schwierig und tragisch wie die Suche nach der genauen Unglücksursache.

Nachdem alle 15 Verletzten geborgen wurden, findet man in der Trümmerruine die sterblichen Überreste des Kochs (22) Daniel Sch. und die tote Zweifachmutter Ana B. Dann der Schock: Laut erster Spurensicherung soll der Koch Selbstmord begangen haben . . .

Danach kursieren Gerüchte. Die Mutter des verdächtigen toten Kochs wendet sich in ihrer Verzweiflung an „Krone"-Reporterin Sandra Ramsauer und Anwalt Alfred Boran: „Mein Sohn war kein Selbstmörder." Ermittlungen laufen.

echt ➔ Richtungsweisendes Urteil gegen Ungleichbehandlung

gegen Deutschland!

Schieder. Die rot-schwarze Regierung zog 2017 dagegen vor Gericht. Eingebracht wurde die Klage vom damaligen Verkehrsminister Jörg Leichtfried (SPÖ).

„Aus Sicht unserer Nachbarn ist das Fass nicht nur voll, sondern übergelaufen. Österreich und Tirol wird eine Klage angedroht“, so bringt unser Reporterduo Claus Meinert und Markus Gassler den Konflikt auf den Punkt. Laut Europarechtsexperten Walter Obwexer kann die Alpenrepublik der Klage gelassen entgegensehen.

Deutsche Pkw-Maut: ein Zankapfel zwischen den Grenzen

„Sperrstund is!“ Eine ernüchternde „Brennpunkt-Reportage“ von Stefan Steinkogler und Oliver Papacek zeigt auf, wie sehr das Wirtshaussterben die Menschen bewegt. Ebenso wie Helmut Qualtinger das Gasthaus liebte, bricht auch der vagabundierende Kulturwissenschafter Professor Roland Girtler eine Lanze für diese sozialen Treffpunkte. Mahnendes Resümee: Zu viel Bürokratie! Seit 1980 ist die Zahl der Wirtshäuser von 16.500 auf 8.500 Betriebe zurückgegangen.

Koch Daniel Sch. (22) und die 29-jährige Zweifachmutter Ana B. sterben unter den Trümmern.

➔ Der FC Liverpool gewinnt das Champions-League-Finale gegen Tottenham Hotspur mit 2:0 (1:0). Damit sichert sich das Team von Jürgen Klopp nach 2005 den zweiten Königsklassen-Titel.

➔ Der oberösterreichische Flugzeug-Zulieferer FACC errichtet in Kroatien eine neue Produktionsstätte. Firmenchef Robert Machtlinger: „600 Mitarbeiter werden beschäftigt und 2021 werden die ersten Teile vom Band laufen.“

➔ Tausende nehmen Abschied von „Niki Nazionale“, Millionen Österreicher trauern um ihn. In der Folge steigt auch die Nachfrage nach dem letzten Buch, das Lauda 2015 gemeinsam mit „Krone“-Starjournalistin Conny Bischofberger geschrieben hat, enorm an.

➔ Erfreuliche Umweltnachricht: Die Österreicher benutzen ihre Handys mittlerweile knapp vier Jahre lang. Verwendete man 2015 ein Mobiltelefon noch 2,7 Jahre, so hat sich diese Gebrauchsdauer nun um mehr als ein Jahr erhöht.

➔ Dominic Thiem erreicht in Paris zum zweiten Mal das Finale von Roland Garros. Obwohl er wie 2018 gegen Superstar Rafael Nadal verliert, vertraut der 25-Jährige dem „Krone“-Tennisexperten Peter Moizi an, dass er stolz auf den Doppelsieg seiner Freundin „Kiki“ (Kristina Mladenovic) sei und verspricht „vollen Angriff bei allen Grand Slams“.

➔ Die Österreicher hoffen nach wie vor, durch einen Jackpot oder richtige Tipps reich zu werden: Schließlich wuchs der Glücksspielmarkt im Vorjahr um 5,2% und die Internet-Portale verzeichneten einen Zuwachs von 18,6%. In Zahlen: Wir Österreicher verlieren pro Jahr 1,9 Milliarden Euro.

➔ Wachablöse am Automarkt: Nach 41 Jahren als Österreichs Bestseller wird der VW Golf vom Škoda Octavia entthront. Von Jänner bis Anfang Juni kauften die Österreicher 4776 Škoda Octavia, damit um 192 Stück mehr als vom Golf.

➔ Erstmals Sorge um Deutschlands Kanzlerin Merkel: Sie erleidet beim Empfang des ukrainischen Präsidenten Selenskij einen Zitteranfall.

Juli heißester Monat aller Zeiten · Sommer der Rekorde auch in Österreich:

Unsere Welt heizt sich auf!

Die menschgemachte Klimakrise ist mit Rekordtemperaturen quer über den Globus immer mehr spürbar. So ist der Juli der heißeste Monat weltweit seit Beginn der Aufzeichnungen. Und auch Österreich heizt der Turbo-Sommer ordentlich ein. In 253 Jahren Messgeschichte war es durch ausbleibenden Regen noch nie so trocken und es gab auch noch nie so viele Tropennächte (wenn die Temperatur nicht unter 20 Grad sinkt) im ganzen Land. Bei den Durchschnittswerten liegt nur mehr der sogenannte Jahrhundertsommer 2003 vorne. Besonders die heimischen Städte müssen für die hitzegeplagte Bevölkerung im verbauten Gebiet künftig viel mehr „Kühlzonen" schaffen. Die Klimakrise hat indes auch den Wahlkampf erreicht. Alle Parteien überschlagen sich mit Ideen, wie die Erderwärmung bekämpft werden kann. Experten warnen: Es ist fünf nach zwölf. Doch eine echte Lösung ist ohne die großen Umweltverschmutzer wie Amerika oder China nicht möglich.

Wird der nächste James Bond weiblich? Während Schauspieler Daniel Craig in seiner fünften 007-Mission im Auftrag seiner Majestät erneut auf Christoph Waltz als Widersacher trifft, sorgt ein hartnäckiges Gerücht im Vorfeld des 25. Abenteuers mit dem vielsagenden Titel „No Time to Die" (auf Deutsch „Keine Zeit zu sterben") für Aufsehen. Demnach könnte Lashana Lynch erstmals die Rolle einer 007-Geheimagentin übernehmen.

Die deutsche Kapitänin Carola Rackete des Seenot-Rettungsschiffes „Sea Watch 3" legt sich mit Italiens rechtspopulistischem Innenminister Matteo Salvini an. Trotz Verbots, den Hafen von Lampedusa anzulaufen, fährt Rackete mit 40 Migranten an Bord in die italienischen Hoheitsgewässer ein – und wird nach dem Anlegen an Land von der Polizei abgeführt. Doch zu einer Anklage kommt es vorerst nicht, die 31-Jährige wird ausgewiesen. Die deutsche Kapitänin sorgt aber weiter für Aufregung: Europa müsse Klimaflüchtlinge aus Afrika wegen der historischen Verantwortung durch den Kolonialismus bzw. alle aus den Lagern in Libyen aufnehmen.

Bild des Monats

In Europa purzeln die Temperaturrekorde: So heiß war es etwa in Deutschland, Belgien, Holland und Frankreich noch nie. Auch die Pariser stöhnen bei 42,6 Grad unter der brütenden Hitze. Diese Dame versucht sich in einem Brunnen nahe des weltberühmten Wahrzeichens Eiffelturm abzukühlen. Der Turbo-Sommer heizt indes Wien (kleines Bild oben) unter Tags so auf, dass die Zahl der Tropennächte in der Bundeshauptstadt auf einen bisher unerreichten Wert steigen. Selbst zwei Orte über 1000 Meter in Salzburg und Vorarlberg verzeichnen Temperaturen weit über 20 Grad.

Festspiel-Sommer in Salzburg mit einigen Aufregern:

Buhlschaft trägt Hosen und Sorgen um Diva Netrebko

Hat die Hosen an: Die neue Buhlschaft Valery Tscheplanowa verführt Tobias Moretti auf der Bühne. Indes gibt es Sorgen um Netrebko (re.).

Der Festspiel-Sommer in Salzburg sorgt nicht nur kulturell für einige Aufreger. Zum einen verführt die neue Buhlschaft Valery Tscheplanowa „Jedermann" Tobias Moretti erstmals in Hosen, zum anderen gibt es Sorgen um die Stimme von Anna Netrebko.

Die Operndiva muss kurzfristig ihren Auftritt in der konzertanten Aufführung „Adriana Lecouvreur" wegen einer Verkühlung absagen. „Keine Sorge, nur ein bisschen krank", lässt Ehemann und Tenor Yusif Eyvazov (42) beschwichtigend auch den „Krone"-Kulturredakteuren Dr. Karlheinz Roschitz und Thomas Gabler ausrichten.

Auch über eine zweite Frau spricht man bei den Salzburger Festspielen: Es ist dies die neue Buhlschaft Valery Tscheplanowa. Und zwar nicht nur wegen ihres überzeugenden Auftritts auf der Bühne an der Seite von Tobias Moretti, sondern auch der neue verführerische Look in einem halbtransparenten Hosenanzug aus Mailand sorgt für Schlagzeilen.

Wie jedes Jahr lockt der kulturelle Höhepunkt des heurigen Sommers viele Spitzenpolitiker und Stars in die Mozartstadt.

Staatsempfänge im Sitzen

Aufregung und Sorgen um den Gesundheitszustand der deutschen Bundeskanzlerin Angela Merkel. Die mächtige Politikerin erleidet bei mehreren Staatsempfängen am Rande der militärischen Ehren leichte Anfälle. Unkontrolliert fangen dabei Hände und Körper im Stehen zu zittern an. Hintergrund dürften Stresssymptome sein. Nach dem dritten öffentlichen Zwischenfall binnen kurzer Zeit hintereinander greift die 65-jährige Regierungschefin zu einer simplen Maßnahme: Sie setzt sich während des Abspielens der Nationalhymnen – so wie hier beim Besuch der dänischen Ministerpräsidentin Mette Frederiksen – einfach hin. Zudem versucht Merkel die Bedenken zu zerstreuen. Sie müsse damit jetzt eine Weile leben, aber sie mache Fortschritte und es gehe ihr soweit gut.

David „Aqua" Wang (Bild rechts) holt sich mit seinem norwegischen Partner den „Fortnite"-Weltmeistertitel.

Weltmeister im Computer-Spiel 17-jähriger Kärntner Zocker triumphiert

Mit „Fortnite" zum Millionär

Vom Computer-Ass zum Jungmillionär. Praktisch über Nacht wird der 17-jährige Kärntner David Wang weltberühmt. Der junge Zocker holt sich bei den „Fortnite"-Titelkämpfen mit seinem norwegischen Spiele-Partner die Weltmeister-Krone in Amerika – und ist um 2,7 Millionen Euro Preisgeld reicher.

Das Computerspiel zieht Tausende Jugendliche in Österreich in seinen Bann und treibt zugleich deren Eltern zur Weißglut. Nur schwer lassen sich die Kinder vom Bildschirm trennen, wenn sie gerade mit anderen rund um den Globus duellieren. Einer der Idole in der virtuellen Welt: „Aqua" alias David Wang.

Bei der WM in New York gelingt dem 17-jährigen Klagenfurter mit seinem Partner der große Triumph. Dafür teilt sich das Duo 3 Millionen Dollar Preisgeld. Dabei war der Kärntner die ersten zwei Runden noch unzufrieden. „Ich konnte nicht mit der Maus spielen, die ich bestellt hatte", erzählt er „Krone"-Redakteurin Elisabeth Nachbar. Doch gegen Ende hin holt „Aqua" mit Fingerfertigkeit und ausgeklügelter Strategie den Sieg.

Willkommen in China! Österreichs Star-Kicker Marko Arnautović wird von asiatischen Fans jubelnd empfangen. Er wechselt für eine kolportierte Verkaufssumme von mehr als 22 Millionen Euro vom britischen Verein West Ham United nach Shanghai. Dort geht der 30-jährige Stürmer beim Super-League-Club SIPG künftig auf Torejagd. Arnautovićs fürstliches Gehalt: rund 200.000 Euro – pro Woche. . .

Der erfolgreichste Film aller Zeiten

Das „Endspiel" von der Marvel-Superhelden-Erfolgsserie „Avengers" löst „Avatar" nach zehn Jahren an der Spitze der erfolgreichsten Filme – nach Einspielergebnissen – ab. Mit unglaublichen 2,8 Milliarden Dollar Einnahmen an den Kinokassen weltweit ist der Streifen nun ganz oben in der Liste der umsatzstärksten Hollywood-Produktionen aller Zeiten.

Sebastian Kurz gegen Christian Kern:

Schredder-Duell der Altkanzler

Ratsch, ratsch, ratsch – nach ÖVP-Chef Sebastian Kurz hat auch der SPÖ-Altkanzler Christian Kern seine „Schredder-Affäre". In der Amtszeit von beiden fällt die Vernichtung mehrerer Festplatten.

Zuerst gibt es Aufregung um den mit Abstand jüngsten Altkanzler der 2. Republik. Ein Mitarbeiter lässt – kurz vor der Abwahl im Parlament – fünf Drucker-Festplatten gleich mehrfach durch den Reisswolf laufen.

Kurz-Konter: Auch bei seinem Vorgänger seien bei der Amtsübergabe Datenträger vernichtet worden. Kern droht mit Klage, Derartiges sei bei ihm nicht vorgekommen. Doch siehe da, der „Krone" zugespielte Dokumente belegen: Auch unter dem Ex-SPÖ-Chef wurden gleich sieben Drucker-Datenträger vernichtet. Schließlich stellt Übergangskanzlerin Bierlein fest: alles rechtskonform...

Der Jungbauern-Kalender zeigt uns auch heuer wieder traditionell die schönen Seiten des Landlebens. Beim Fotoshooting für die 19. Ausgabe mit den Neo-Models ist die „Krone" in der Gärtnerei Schippani in Wien mit dabei. Der Salzburger Star-Fotograf Christian Maislinger setzt 24 Kandidaten unter 1300 Bewerbern gekonnt in Szene. Das Motto: „Helden der Landwirtschaft".

Innenministerium warnt Parlament

Alarm um giftige Post an heimische Politiker

Giftige Postsendungen, unter anderem mit Salzsäure-Röhrchen, halten die heimischen Sicherheitsbehörden auf Trab. Fünf Schriftstücke mit ätzendem Inhalt erhalten Energieversorger, Versicherungen und ein Inkassobüro. Auch alle Mitarbeiter des Parlaments werden gewarnt. Schließlich kann der Verfassungsschutz einen 39-jährigen Burgenländer ausforschen.

Seit Jahren sorgen Kreuzfahrtschiffe – oder „Monster", wie sie Venezianer nennen – für Aufregung in der italienischen Lagunenstadt.

Lagunenstadt verbannt Ozeanriesen

Kreuzfahrtschiffe: „Basta" in Venedig

Die Venezianer schreien „Basta". Nach zwei Vorfällen durch Kreuzfahrtschiffe in der weltberühmten italienischen Lagunenstadt an der Adria sind Bewohner und der Bürgermeister, die seit Jahren alternative Anlegestellen und Routen fordern, außer sich. Die Riesenkreuzer sollen nun endgültig verbannt werden.

Wenige Wochen, nachdem der Touristendampfer „MSC Oper" die Anlegestelle rammt und vier Verletzte fordert, schrammt der 294-Meter-Koloss „Costa Deliziosa" nur haarscharf an Jachten und am Ufer vorbei.

Die Wut der Venezianer ist dementsprechend groß. Ab September sollen nun die Touristendampfer aus dem historischen Stadtzentrum verbannt werden. Zunächst wollen die Behörden einen Teil der Kreuzfahrtschiffe in die Häfen nach Fusina und Lombardia, einen privaten Anlegeplatz außerhalb, umleiten. Das kündigt Italiens Verkehrsminister Danilo Toninelli an. Der Fokus soll zunächst auf besonders großen Schiffen liegen.

Bis 2020 wolle Toninelli dann ein Drittel der bereits gebuchten Kreuzfahrtschiffe aus Venedigs historischem Stadtkern heraushalten. „Ab jetzt werden diese schwimmenden Paläste beginnen, anderswo zu fahren."

Ein Heer von Schutzengeln hat ein Pensionistenehepaar aus Wien. Denn die beiden ahnungslosen Rentner benutzen diese scharfe Granate auch als Türstopper ihres Feriendomizils im Bezirk St. Pölten. Selbst dem Entminungsdienst stockt beim Anblick der Atem. „Meine Tante fand den Blindgänger einst im Krieg. Wir dachten uns in den vergangenen Jahrzehnten, dass das ein ungefährliches Souvenir sei", erzählt die 76-jährige Gilda W. (Foto) „Krone"-Redakteur Josef Poyer.

Kidnapper verschleppt junge Frau „Ich hatte Todesangst“:

Sportlerin angefahren, entführt und in entlegenem Haus gequält

Dramatische Stunden für die steirische Leistungssportlerin Nathalie Birli. Die junge Triathletin (27) wird beim Training auf ihrem Rad von einem Autofahrer absichtlich angefahren, entführt – und in ein abgelegenes Haus verschleppt. Sie überlebt das Martyrium schwer verletzt.

Am Nachmittag will die gebürtige Niederösterreicherin Nathalie Birli noch einige Runden mit dem Rennrad drehen. Als sie am Abend nicht nach Hause zurückkommt, schlägt ihr Freund Alarm und erstattet eine Vermisstenanzeige.

Kurz vor Mitternacht taucht die junge Frau dann plötzlich schwer verletzt auf – und erzählt ein unglaubliches Martyrium. Laut ihren Aussagen wurde sie von einem Kastenwagen angefahren, vom Lenker mit einem Knüppel niedergeschlagen, dann gefesselt und zu einem Haus gebracht. „Der Mann war voller Hass. Er hat mir meine Augen verbunden und immer ein Messer in der Hand gehabt. Ich hatte Todesangst“, schildert das 27-jährige Opfer „Krone“-Redakteur Manfred Niederl. Der brutale Verdächtige (33) wird verhaftet.

Die 27-jährige begeisterte Triathletin Nathalie Birli wird beim Radtraining von einem Autolenker absichtlich angefahren, entführt und mit diesem Stock verprügelt.

Kommissions-Präsident Juncker busselt seine Nachfolgerin.

Deutsche Verteidigungsministerin als Kompromiss

Ursula von der Leyen – die erste Chefin an der EU-Spitze

Politisches Tauziehen von Europas Staats- und Regierungschefs um die Spitzenjobs in der Union. Weil sich Frankreichs Macron gegen die Bestellung des Spitzenkandidaten der stärksten Fraktion EVP nach der EU-Wahl wehrt, einigt man sich schließlich auf die deutsche Verteidigungsministerin Ursula von der Leyen als Kompromisskandidatin. Sie wird ab 1. November Nachfolgerin von EU-Kommissionspräsident Jean-Claude Juncker. Ihr Kommissarsteam besteht aus 14 Männern und 13 Frauen. Österreich bisheriger Vertreter Gio Hahn erhält das mächtige Budget-Ressort.

Christenverfolgung und Zerstörung von Heiligtümern stand unter der Herrschaft der Mörderbande IS auch im Irak auf der Tagesordnung. Wie sich „Krone“-Redakteur Clemens Zavarsky bei einem Lokalaugenschein in Mossul überzeugen kann, kehrt langsam wieder der Alltag ein. Auch der von den Terroristen vertriebene Abt von Mar Behnam, Bruder Jakob, ist wieder in seiner Heimat zurück.

Ausbruch des Vulkan Stromboli in Sizilien

Spektakuläre Bilder erreichen uns vom Vulkan Stromboli auf der auch bei Urlaubern beliebten gleichnamigen italienischen Insel vor Sizilien. Bei einem ungewöhnlich heftigen Ausbruch mit einer der stärksten Explosionen in den vergangenen Jahrzehnten, wird ein Mensch getötet. Der Wanderer befand sich in der Nähe auf einem Pfad. Der Feuerregen versetzt sowohl Einwohner wie auch Touristen in Panik. Einige verschreckte Urlauber springen ins Wasser, Dutzende weitere verlassen die Vulkaninsel Hals über Kopf an Bord von Schiffen.

- Hitze-Drama im Auto! Jener dreijährige Bub, der in Riegersburg in der Südsteiermark unbemerkt in den Wagen seiner Eltern geklettert und eingeschlafen war, stirbt an Dehydrierung im Krankenhaus.
- Weil durch Granulat im Kunstrasen schädliches Mikroplastik in die Umwelt gelangt, bastelt die EU an einem Verbot ab 2022. Ein möglicher Kunstrasen-Bann würde aber auch die heimischen Fußballvereine schwer treffen.
- Familientragödie in Niederösterreich: Ein 14-jähriger greift nach einem Streit zum Küchenmesser und ersticht seine Mutter. Er sei im „Traumzustand" gewesen, so der Schüler nach der Bluttat.
- Der Meistermacher ist wieder zu Hause! Peter Stöger genießt die Rückkehr in sein Wohnzimmer, die Generali-Arena in Favoriten, als Sport-Vorstand der Wiener Austria.
- In einem packenden Fünf-Satz-Tennisthriller krönt sich Novak Djokovic im Duell mit Rasenregent Roger Federer zum „König" von Wimbledon und holt sich seinen insgesamt 16. Grand-Slam-Titel.
- Schock-Unfall bei einem Traktorausflug von vier abenteuerlustigen Freunden auf einer Ausflugsalpe an der Vorarlberger Grenze. Ein 13-Jähriger überrollt zwei aus der Zugmaschine stürzende Kinder im Alter von 10 und 13 Jahren – beide werden getötet.
- Die Untersuchungen von Knochen auf dem deutschen Friedhof im Vatikan können das unheimliche Rätsel um die 1983 im Alter von 15 Jahren verschwundene Emanuela Orlandi, Tochter eines Hofdieners des damaligen Papst Johannes Paul II., nicht lösen.
- Das offenbar tödliche Versagen der rumänischen Polizei im „Fall Alexandra" sorgt für Massenproteste im Land. Innenminister Nicolae Moga tritt zurück. Das 15-jährige Entführungsopfer kann dreimal den Notruf wählen. Trotzdem kommen Beamte erst nach 19 Stunden – da ist das Mädchen bereits zerstückelt. Der Täter, ein Automechaniker (66), soll noch zwei junge Frauen ermordet haben.

Wien-Stadträtin Ulli Sima bei einer U-Bahn-Schnupperfahrt

Pilotprojekt gescheitert

Wiener lehnen „Duft-U-Bahn" ab

Nach einer etwas missglückten Deo-Verteilaktion versucht es die Stadt Wien nun mit einem neuen Service gegen Körperausdünstungen aller Art. In der U-Bahn werden Parfüms versprüht. Vier verschiedene Duftnoten – von „Relax" bis „Happy Enjoy" – stehen zur Auswahl. Die Parfüm-Bomber sind an einem Blumen-Muster zu erkennen. Bei einer Umfrage stimmen die Mehrheit der Fahrgäste aber gegen „Duft-U-Bahnen".

Exel, Vera und „Winnetou“ Josef Schützenhöfer

Talk-Queen bei Karl-May-Fest

Squaw Vera besucht Häuptling Winnetou

Als begeisterter Winnetou-Fan besucht Talk-Queen Vera Russwurm die Premiere der Karl-May-Festspiele in Winzendorf (Niederösterreich). Heuer steht „Der Schatz im Silbersee“ am Programm. Insider munkeln, dass dies ein Dankeschön an Alt-Landeshauptmann Erwin Pröll sei, der sich bekanntlich einmal scherzhaft outete: „‚Der Schatz im Silbersee‘ ist das einzige Buch, das ich jemals gelesen habe.“ Produzent Martin Exel – im Bild als Cornel Brinkley – ist stolz auf die Inszenierung des Western-Dramas.

Superstar Hirscher beendet Karriere

Am 31. August sind alle Spekulationen vorbei. Wie „Krone“-Sportchef Peter Frauneder aufdeckt, beendet Österreichs Ski-Superstar Marcel Hirscher seine großartige Karriere. Funktionäre, Trainer und Freunde konnten Marcel nicht mehr umstimmen. Unter dem Motto „Rückblick, Einblick, Ausblick“ bittet Hirscher zur Abschiedspressekonferenz. Eine Ära geht zu Ende, die ebenso phänomenal und einzigartig wie mitreißend und unglaublich war. Danke Marcel, für all die unvergesslichen Momente.

Danke, Marcel!

Samstag, 31. August 2019 € 1,20

Kronen Zeitung

UNABHÄNGIG

Wien Krone

krone.at Ausgabe Nr. 21.325

Wien 1190, Muthgasse 2, 05 7060-0

Abonnement-Service: 05 7060-600

Spekulationen vorbei: Ski-Superstar Hirscher beendet seine Karriere

Tarantino und seine Stars: Pitt, DiCaprio und Robbie

Jubel um 9. Tarantino-Opus

„Es war einmal in Hollywood . . . “

„Es ist ein Cast de luxe, den Quentin Tarantino mit Brad Pitt, Leonardo DiCaprio und Margot Robbie aufmarschieren lässt, um die US-Filmindustrie genüsslich zu sezieren“, so Kino-Expertin Christina Krisch über das Meisterwerk des Regisseurs.

Todesstau auf dem Mount Everest. Während selbst am höchsten Berg der Eroberungswahn der Menschen angesichts einer Bergsteigerkarawane ins Absurde abgleitet, mahnt ein Foto vom schmelzenden Eis in Grönland. Gleichzeitig tobt im Regenwald ein apokalyptisches Inferno. Weltweit rechnet man bis 2050 mit 280 Millionen Klimaflüchtlingen. Und in Österreich sorgt ein konkursreifes Heer für Ärger.

Strengere Vorschriften nach Foto vom Todesstau auf höchstem Berg der Welt:

Neue Regeln am Mount Everest

Egal ob auf frostigen 8848 Metern Höhe im Himalaya-Gebirge oder am vereisten Meeresspiegel in Grönland: Die zerstörerischen Spuren des Menschen und der auch dadurch verursachte Klimawandel ist überall spürbar.

Dutzende Bergsteiger warten in Reih und Glied in gefährlicher Höhe, um den Mount Everest in Nepal zu erklimmen. Für elf Alpinisten wurde der höchste Berg der Welt bis Ende August zur Todesfalle. Fotos, auf denen der Stau der Abenteurer zu sehen ist, führen zu strengeren Regeln, zumal Bereiche, die einst mit dichtem Eis bedeckt waren, bereits freigelegt sind. Kletterer tauschen mittlerweile Eispickel gegen Felshaken, die in Risse am Berg geschlagen werden.

Künftig dürfen Alpinisten den Berg nur noch mit einer Versicherung für einen Rettungseinsatz erklimmen. Die Besteigungsgebühr wird von 11.000 auf 35.000 $ erhöht und pro Tag darf nur noch ein bestimmtes Kontingent den Gipfel erstürmen.

Bericht deckt desaströsen Zustand auf · Bürgerschutz nicht mehr gewährleistet

Unser Heer ist konkursreif!

„Sollte das Budget 2020 nicht von 2,2 auf 3,1 Milliarden € angehoben werden, ist unser Heer den konfrontativen geopolitischen Entwicklungen schon bald nahezu ungeschützt ausgesetzt", so deutet Verteidigungsminister Starlinger die Ergebnisse des Berichtes „Unser Heer 2030". Im Falle eines Blackouts oder bei Terrorbedrohungen könne sich Österreich nicht mehr aufs Heer verlassen.

„Wie viel ist dem Staat die Sicherheit Österreichs wert?" Das ist die zentrale Frage, die sich angesichts der Risikoanalyse des Heeres der Politik stellt. Zumal ohne die dringend nötigen Investitionen auch der Katastrophenschutz schon bald nicht mehr gewährleistet werden könne. Um unsere Neutralität und Souveränität zu sichern, müssten zehn Punkte bis 2030 erfüllt werden: unter anderem eine schrittweise Erhöhung des Budgets von 0,6 auf ein Prozent des Bruttoinlandsproduktes, Entscheidung über die Luftraumüberwachung, Abbau des Investitionsrückstaus (16,2 Milliarden €), Erhöhung des Grundwehrdienstes auf acht Monate etc.

Auch die Heereshilfe bei Katastrophen ist bald kaum noch finanzierbar. Auslöser der Finanzkrise: die 15 sündteuren Eurofighter der Luftwaffe.

Bei Erderwärmung bis 2050:

Bald 280 Millionen Klimaflüchtlinge!

Der Weltklimarat IPCC rechnet bei einer Erderwärmung von höchstens zwei Grad Celsius mit 280 Millionen Flüchtlingen wegen steigender Meeresspiegel. Das geht aus einem noch unveröffentlichten Sonderbericht hervor.

Demnach würden niedrig liegende Millionenstädte und Inselstaaten bis zum Jahr 2050 selbst bei optimistischen Kohlendioxid-Schätzungen jedes Jahr „extreme Meeresspiegel-Ereignisse" wie Wirbelstürme und Überflutungen erleben. Neben den USA sind vor allem etliche Küstenmetropolen in China und Indien von regelmäßigen Überschwemmungen bedroht. Ursache: die mit der Erderwärmung einhergehende Eisschmelze. In dem Bericht heißt es, 30% der Permafrost-Böden könnten bis 2100 verschwinden, wenn die derzeitige Klimaerwärmung anhalte.

Biker-Welt trauert um „Easy Rider"

US-Schauspieler Peter Fonda (re.), durch den Kultfilm „Easy Rider" berühmt geworden, stirbt in Los Angeles mit 79 Jahren an Krebs. Dem Sohn von Hollywood-Legende Henry Fonda und Bruder Jane Fondas gelang 1969 gemeinsam mit Jack Nicholson (am Motorrad-Socius) in diesem Biker-Epos der Durchbruch.

Arbeiter vor einer brennenden Farm in Matto Grosso. Feuerwehrleute versuchen, einige Brandherde im Regenwald unter Kontrolle zu bringen.

Hollywoodstar DiCaprio spendet Millionen für Rettung des Regenwaldes. Brasiliens Präsident Bolsonaro lehnt Hilfe prinzipiell ab.

Neun Staaten Südamerikas betroffen · 1,2 Millionen Hektar Wald verwüstet

Im Regenwald tobt ein Infero

Obwohl im Amazonas-Gebiet verheerende Brände wüten, sorgt das Inferno gar für diplomatische Spannungen: Da Frankreichs Präsident Macron die Feuer beim G-7-Gipfel auf die Agenda setzen wollte, spricht Brasiliens Präsident Bolsonaro von „Kolonial-Mentalität“.

Inmitten des gigantischen Flammeninfernos, das bereits 1,2 Millionen Hektar Wald und Grünflächen in neun südamerikanischen Ländern zerstört hat, gießt Brasiliens Präsident Jair Bolsonaro Öl ins politische Feuer. Er lehnt die Hilfe, die Macron beim Treffen in Biarritz anbieten wollte, als „eine Art der kolonialistischen Denkweise“ ab. Macron wollte die Regierungschefs zur Solidarität ermuntern: „Unser Haus brennt. Wortwörtlich! Der Amazonas-Regenwald steht in Flammen. Die Lungen, die 20 Prozent des Sauerstoffes für die Welt produzieren, sind in Gefahr.“

In der Folge stellt Brasilien 44.000 Soldaten zur Brandbekämpfung ab. Unterdessen setzt Bolivien ein Löschflugzeug, das 75.000 Liter Wasser abwerfen kann, gegen die Amazonas-Brände ein.

Massen-Demos für Freiheit und Demokratie gegen bedrohlichen Einfluss aus China

Hongkong-Proteste eskalieren

Seit die Briten 1997 aus Hongkong abgezogen sind, gehört das asiatische Finanzzentrum samt seinen Mega-Hafenanlagen als Sonderverwaltungszone zu China. Da Peking den Hongkongern aber nicht die vertraglich zugesicherten Rechte wie etwa Pressefreiheit einräumt, kommt es zu Massenprotesten.

Demonstranten mit erhobenen Fäusten und Hass gegen China in den Augen.

Die Demonstrationen gegen den übermächtigen Staat schaukeln sich seit Juni auf. Die Kundgebungen in der 7-Millionen-Metropole richten sich gegen ein Gesetz, das Auslieferungen an China ermöglicht. Obwohl die Massenproteste anfangs völlig friedlich verlaufen, spricht Peking von gewaltbereiten Unruhestiftern und geht schließlich sogar dazu über, die Demonstranten mit Terroristen zu vergleichen. In der Folge schaukeln sich die Aggressionen Woche für Woche auf. Die Polizei geht mit aller Härte vor. Das Säbelrasseln der Chinesen wird immer lauter. Beobachter befürchten gar eine militärische Eskalation.

2 Schwestern sterben bei Horrorunfall:

Radanhänger als Todesfalle für Kinder

Blankes Entsetzen und ohnmächtige Trauer löst ein Horrorunfall bei Tulln (NÖ) aus: Ein Autolenker übersieht auf der Bundesstraße 19 einen Radanhänger und rammt das Gespann, in dem zwei Kinder und zwei Hunde sitzen.

Bei der Heimfahrt von einem Sonntagsausflug ist eine 39-jährige Mutter mit ihren beiden Töchtern gegen 20.50 Uhr bei Hausleiten unterwegs. Die Schwestern (ein und vier Jahre alt) sowie zwei Chihuahuas befinden sich in einem Fahrradanhänger, den die Frau an ein E-Bike gekoppelt hat. Ein Autofahrer (60) sieht das Gefährt zu spät, rammt den Anhänger und katapultiert ihn 15 Meter weit weg in einen angrenzenden Acker. Die Einjährige stirbt ebenso wie die beiden Hündchen an Ort und Stelle. Ihre Schwester wird reanimiert und von einem Christophorus-Helikopter ins Spital geflogen. Dort erliegt das Kind jedoch in den Nachtstunden seinen Verletzungen.

Der zerstörte Fahrradanhänger in dem Samira (4) und Alana (im Bild unten) ums Leben kamen.

Ein beinhartes Duell liefern sich der Italiener Andrea Dovzioso (Nr. 4) und der spanische Weltmeister Márquez auf dem Spielberg-Ring. Rundenlang rittern der Ducati-Fahrer und der Honda-Pilot um Platz eins. „Was haben die beiden für große . . . “, schreit ein Journalist im Medienzentrum. Mit 23 Tausendstel geht Márquez in die Endrunde, doch nach der letzten Kurve holt sich der Italiener den Sieg. Aber nur wenige Wochen später krönt sich der Spanier in Thailand mit seinem 8. WM-Titel.

Epstein wegen sexuellen Missbrauchs Jugendlicher angeklagt

Selbstmord von US-Milliardär: Nun untersucht FBI Todesfall!

Nachdem er wegen sexuellen Missbrauchs von mehreren Jugendlichen angeklagt worden war, begeht der 66-jährige US-Milliardär Jeffrey Epstein in seiner Zelle im New Yorker Gefängnis Selbstmord. Er erhängt sich und entzieht sich so dem peinlichen Gerichtsprozess.

Nach Epsteins Inhaftierung forderten zahlreiche Frauen eine lückenlose Aufklärung.

Nach dem Suizid ermittelt das FBI, um zahlreiche Fragen beantworten: Wie konnte der Häftling trotz besonderer Beobachtung Selbstmord begehen? Und was passiert nun mit weiteren Ermittlungen?

„Epsteins Tod steht der Suche nach Gerechtigkeit nicht im Wege“, so die Anwälte zahlreicher Opfer. Zumal auch gegen prominente Kunden Epsteins ermittelt wird.

Aber auch engste Mitarbeiterinnen des Milliardärs geraten ins FBI-Visier. Sie sollen von illegalen Geschäften – etwa von einer Liste „junger Massage-Therapeutinnen“ – des Wall-Street-Moguls gewusst haben. Dann die Hiobsbotschaft für alle Opfer, die Schadenersatz fordern: Epstein hat sein Vermögen zwei Tage vor dem Suizid in einen Treuhandfond übertragen.

Am Strick führen Polizisten im US-Staat Texas einen schwarzen Verdächtigen ab. Der 43-Jährige war wegen Verdachts auf Hausfriedensbruch verhaftet worden. Das Vorgehen der berittenen Sheriffs wird als rassistisch und ein makabres Echo aus der Zeit der Sklaverei kritisiert. Erfreulich: Auch US-Präsident Trump verurteilt in El Paso „Rassismus und die Ideologie weißer Vorherrschaft“, nachdem dort ein Gegner der hispanischen Invasion“ 22 Menschen, vor allem Mexikaner, erschossen hatte.

Sicherheitsbehörden warnen vor möglicher Rückkehr untergetauchter Dschihadisten

100.000 IS-Kämpfer weltweit

Auch Tausende IS-Frauen tauchten mit ihren Kindern unter.

International sind sich Experten einig: Der Krieg gegen den Islamischen Staat (IS) ist noch nicht gewonnen! Vor allem so genannte Rückkehrer stellen eine Gefahr dar. Geschätzt seien bis zu 100.000 Dschihadisten weltweit vom Radar der Behörden verschwunden. Tausende sollen in den Balkanländern untergetaucht sein.

„Wir schätzen, dass bereits rund 460 Dschihadisten von den Schlachtfeldern in Syrien und im Irak in die westlichen Balkanländer untergetaucht sind. Etwa 250 von diesen können sich derzeit unkontrolliert im Kosovo frei bewegen“, so schätzt US-Sicherheitsexperte Adrijan Štuni die Lage am Balkan ein.

Auch Österreichs Verfassungsschutzboss Peter Gridling bestätigt im Interview mit „Krone“-Reporter Klaus Loibnegger, „dass die größte Gefahr für Österreich der islamistische Terror bleibe“. Und das sieht Europol ebenso. Laut aktuellem Bericht sei man über rückkehrende Frauen und Kinder besorgt, denen die IS-Ideologie eingeimpft wurde. Experten befürchten Rachemissionen und Vergeltungsschläge für getötete Ehemänner.

Dabei gilt der Westbalkan als Haupttransitroute der Rückkehrer. „Rund 100.000 IS-Kämpfer (männlich und weiblich) sind vom Radar der Behörden verschwunden“, so Analyst Dževad Galijašević, dessen Heimat Bosnien als Versteck-Hochburg für Dschihadisten gilt.

1. Atomkraftwerk auf Schiff

Umweltschützer sind fassungslos über das erste Atomkraftwerk auf einem Schiff und bezeichnen es als „schwimmendes Tschernobyl“. Gleichzeitig warnen sie vor einer drohenden Katastrophe im Polarmeer. Dennoch läuft die „Akademik Lomonossow“ aus dem russischen Hafen Murmansk aus, um entlegene Städte mit Atomstrom zu versorgen. Erstes Ziel des umstrittenen Projekts ist es, Strom für schwer zugängliche Regionen wie die Hafenstadt Pewek und seine 200.000 Einwohner herzustellen. Zudem sollen mit dem Nuklearstrom aus dem „nautischen Reaktor “ mehrere Gas- und Ölbohrinseln vor der Küste Sibiriens versorgt werden. Kritiker werden nicht ernst genommen. Schließlich sei das nach dem russischen Dichter und Naturwissenschafter Michail Wassiljewitsch Lomonossow benannte schwimmende AKW absolut unsinkbar und könne selbst dem stärksten Tsunami standhalten.

Ein Jet im Maisfeld! Nach einer Kollision mit einem Schwarm Möwen muss ein russisches Passagierflugzeug nahe Moskau in einem Maisfeld notlanden. Dem Piloten Damir Yusupov gelingt es, den Airbus A321 sicher aufzusetzen. Alle 230 Passagiere überleben, 23 Fluggäste erleiden leichte Verletzungen. Russland feiert seinen Flugkapitän als Helden. Er wird mit dem US-Piloten Chesley „Sully" Sullenberger verglichen, der 2009 mit einem A320 auf dem Hudson-River in New York notwasserte.

Opfer (36) verliert Fuß • Täter: ein psychisch Kranker

Mann vor U-Bahn gestoßen!

Zu einem schrecklichen Verbrechen kommt es in der Wiener U-Bahnstation Westbahnhof, wo ein psychisch kranker Iraker einen Fahrgast vor einen einfahrenden U-Bahnzug stößt. Wie durch ein Wunder überlebt der 36-Jährige. Allerdings wird ihm bei dem Drama ein Fuß abgetrennt.

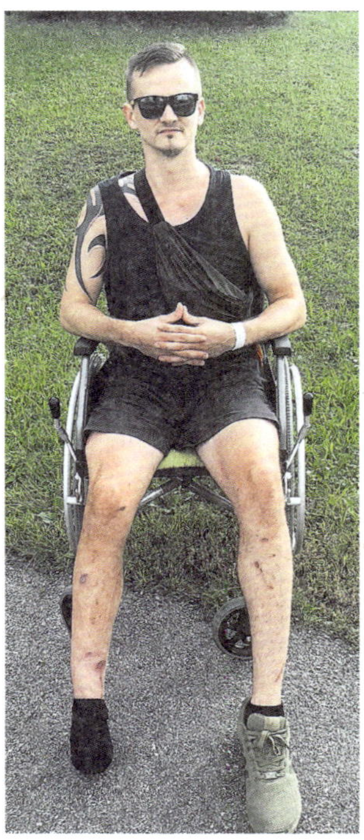

Zdravko I., Opfer des „U-Bahn-Schubsers", erinnert sich mit Schrecken, wie er vor den einfahrenden Zug gestoßen wurde.

„Zunächst hasste ich den Mann, der mir das angetan hatte, unendlich. Jetzt, nachdem ich den Akt gelesen habe, empfinde ich fast Mitleid mit ihm: Denn er ist ja schwer krank." Das erzählt Zdravko I. „Krone"-Redakteurin Martina Prewein. Sie besucht das Schubser-Opfer mit dessen Anwältin Astrid Wagner im Rehabilitationszentrum und schildert in einer berührenden Reportage, wie der 36-Jährige mit seinem Schicksal fertig wird.

Allerdings ist Zdravko wütend auf die Behörden. Denn der Täter, Mohammed Y., galt wegen seiner massiven Wahnvorstellungen – er fühlte sich von Personen mit Sonnenbrillen und Kopfhörern verfolgt – schon sei 2018 als tickende Zeitbombe. Der 20-Jährige wird wieder einmal in die Psychiatrie eingewiesen.

- Ziegelspezialist Wienerberger setzt sein flottes Wachstum fort. Dank guter Geschäfte in Osteuropa sowie Zukäufen in Großbritannien und Belgien steigt der Gewinn im Halbjahr um satte 33% auf 287 Millionen Euro.
- Riesenerfolg für steirische Fahnder: Vier Profibanden mit 42 Verdächtigen – großteils Serben –, die sich auf den Diebstahl hochpreisiger Reisebusse spezialisiert hatten, können ausgeforscht werden. 115 Fahrzeuge im Wert von 22 Millionen Euro wurden binnen neun Jahren gestohlen.
- Der silbergraue Aston Martin DB5 aus den Bond-Filmen „Goldfinger" und „Feuerball" gilt als bekanntestes 007-Fahrzeug. Bei einer Versteigerung in Kalifornien werden 5,7 Millionen Euro für den Wagen bezahlt.
- Bei einer blutigen Messerattacke auf offener Straße wird in Gloggnitz (NÖ) eine Pensionistin getötet. Der mutmaßliche Täter, ein Rumäne (38), hatte die 83-jährige Elfriede H. mit einer anderen Frau verwechselt.
- Für den stolzen Preis von 1.625.000 Euro ersteigert Scheich Mohammed aus den Emiraten ein Fohlen im französischen Deauville. Der Hengst stammt von einem pensionierten Rennpferd ab.
- US-Talkshow-Master Larry King entwickelt sich auch zum Scheidungsmeister. Der 85-jährige TV-Star reicht in New York die Scheidung von seiner 7. Ehefrau Shawn Southwick King (59) ein.
- Unser mit Abstand beliebtestes Urlaubsland heißt laut einer Marketagent-Umfrage Österreich: 25% jener, die verreisen, wählen das eigene Land als Ziel. An zweiter Stelle liegt Italien mit 16% vor Kroatien mit 15%.
- Der ehemalige Sozialminister und Ex-ÖGB-Chef Rudolf Hundstorfer stirbt im Alter von 67 Jahren unerwartet während eines Urlaubes auf der kroatischen Insel Brač.
- Nach dem Gewinn des mit 90 Millionen Euro gefüllten Eurojackpots leben in einer finnischen Kleinstadt von nun an 50 Lottomillionäre.

Post von Jeannée

MICHAEL JEANNÉE
michael.jeannee@kronenzeitung.at

Herr Peter Seisenbacher,

für Sie gilt die Unschulds-, für mich die Irrtumsvermutung.

Weil vielleicht irre ich mich ja, wenn ich behaupte: Sie sind erleichtert, vielleicht sogar froh, dass die Jagd auf Sie jetzt ein Ende gefunden hat.

Denn was war das für ein Leben, das Sie nach Ihrer Prozess-Flucht vor knapp drei Jahren aus Wien in der Folge führen mussten?!

Weltweit zur Fahndung ausgeschrieben, verkriechen Sie sich in Kiew.

Sie sind ein Gehetzter.

Sie können nicht schlafen.

Sie haben Albträume.

In der Dunkelheit fahren Sie hoch, schweißgebadet.

Hat's da nicht geklopft?

Ihre Nerven flattern, Ihr Puls ist ein Maschinengewehr.

Tagsüber schleichen Sie durch die fremde Stadt.

Das Licht ist Ihr Feind, alle Menschen sind Ihre Feinde.

Der, der dort steht und Sie anglotzt. Die, die Ihnen erschrocken ausweicht.

Bin ich erkannt worden?

Als es im August 2017 so weit ist, werden Sie verhaftet.

Ein zitterndes Häufchen Elend in Unterhosen aus einem dreckigen Wohnloch heraus.

Die Ukrainer aber liefern Sie nicht aus, die Jagd indes geht weiter. Die Österreicher sorgen dafür.

Und Sie, Sie wissen das. Und starten einen letzten Fluchtversuch über die grüne Grenze nach Polen.

Und jetzt ist's vorbei.

Und ich glaube, Sie sind erleichtert, sogar froh drüber.

Wie auch immer: Für Sie gilt die Unschuldsvermutung.

DerEx-Olympiasieger (59) steht unter Missbrauchsverdacht:

Nach 998 Tagen Flucht fasst Grenzpolizei Seisenbacher!

Der letzte Kampf des Peter Seisenbacher! Nach 998 Tagen auf der Flucht wird der unter Missbrauchsverdacht stehende Ex-Olympiasieger beim Grenzübertritt von der Ukraine nach Polen gefasst. Danach stellt der 59-Jährige selbst ein Auslieferungsverfahren nach Österreich.

Fahndungsfoto (ob.) und Seisenbacher beim 2. Olympiasieg 1988

Die Vorgeschichte: Im Dezember 2016 sollte der gefeierte Doppel-Olympiasieger vor den Richter treten. „Die Anklage warf Seisenbacher sexuellen Missbrauch in drei Fällen vor", so Gregor Brandl, stellvertretender „Krone"-Ressortchef. Doch Seisenbacher – für ihn gilt die Unschuldsvermutung – setzt sich in die Ukraine ab. Denn die angeklagten Delikte gelten dort nach zehn Jahren als bereits verjährt. Es klickten die Handschellen in einem Kiewer Plattenbau. Aber Seisenbacher, der diverse gefälschte Pässe besaß, gelang es, wieder unterzutauchen.

Da die Ukraine aber nun ein Ersatzprotokoll des Europäischen Auslieferungsabkommens ratifiziert hat, zieht sich die Schlinge enger um den Ex-Judoker. Beim Versuch, die grüne Grenze Richtung Polen zu überqueren, wird er gefasst.

Palmers mit Erfolgsmasche

PALMERS

Die Traditionsmarke Palmers ist zurück auf dem Wachstumspfad. „Nach drei Jahren der Neuausrichtung, in der man die Kollektion überarbeitet und unrentable Shops geschlossen hat, verzeichnet man heuer drei Prozent Plus", fasst „Krone"-Wirtschaftsredakteur Gerald Hofbauer den Aufschwung zusammen. „Wir sind sehr stolz, dass die Palmers-Welt wieder passt", freuen sich die Eigentümer Tino und Luca Wieser. Insgesamt habe man 23 Millionen Euro in die Restrukturierung gesteckt. 2020 werde mit „Home-Ware" (Bettwäsche etc.) ein neues Segment gestartet.

Mit Falco zum Höhepunkt! Sensation beim Austrian Darts Open: Der Österreicher Mensur Suljović schlägt im Finale in Schwechat (NÖ) den Weltranglisten-Führenden Michael van Gerwen aus den Niederlanden. Suljović, der in der Szene „The Gentle" genannt wird, betrat das Schwechater Multiversum zu den Klängen eines Falco-Schlagers. „Im Finale startete der 47-Jährige eine Aufholjagd mit dem Rücken zur Wand", so „Krone"-Sportreporterin Vera Lischka. „The Gentle" übersteht einen Matchdart seines Gegners und siegt!

Betagte Frau bringt Zwillingsmädchen zur Welt

Bedenklicher Weltrekord Inderin wird mit 74 Mutter

Im Dorf Guntur im indischen Bundesstaat Andhra Pradesh gebiert eine 74-jährige Frau Zwillinge. Erramatti Mangayamma ist somit die älteste Mutter der Welt. Ihr betreuender Arzt jubelt über den bedenklichen Rekord: „Es ist ein medizinisches Wunder – diese Geburt ist eine Errungenschaft der modernen Medizin."

„Die Frau wurde durch künstliche Befruchtung schwanger", erklärt der Arzt Umashankar Sanakkayala von der Ahalya-IVF-Klinik in der südindischen Stadt weiters. Nach der Geburt per Kaiserschnitt gehe es der Mutter und ihren beiden Töchtern gut. „Ich bin sehr zufrieden", sagt die neue Mutter. Sie habe immer unter ihrer Kinderlosigkeit gelitten. Nachbarn hätten sie deshalb sogar beschimpft. Jetzt aber seien sie und ihr Mann das glücklichste Paar der Welt: „Nun haben endlich auch wir unsere eigenen Kinder."

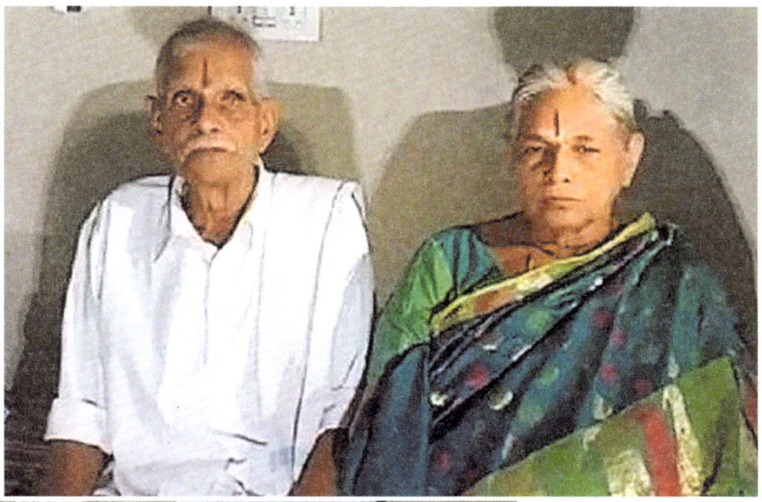

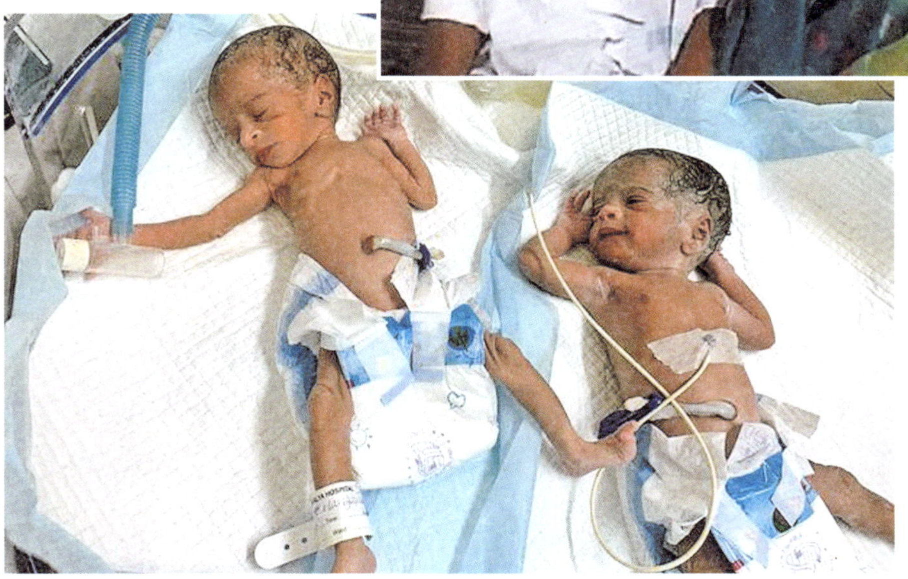

⌃ Die 74-jährige Inderin und ihr 80 Jahre alter Ehemann waren 57 Jahre verheiratet und wollten schon immer Kinder. Auf natürlichem Wege wurde die Frau aber nie schwanger. Erst mit der künstlichen Befruchtung klappte es: Sie gebar Zwillingsmädchen. ‹

Wütend und den Tränen nahe: Greta Thunberg bei ihrer viel beachteten Rede in New York beim so genannten Klimagipfel.

Größter Umwelt-Streik • In 170 Ländern gehen Millionen

Globaler Protest fürs

Erstmals in der Geschichte finden Demonstrationen zu ein und demselben Anliegen auf allen Kontinenten statt. Von Wellington in Neuseeland bis Washington in den USA, von Helsinki bis Neu-Delhi fordern die Teilnehmer Maßnahmen gegen die Klimakatastrophe. Auch in Wien gehen 150.000 Menschen auf die Straße.

Die „Earth-Strike"-Demonstrationen der „Fridays-for-Future"-Bewegung sind das spektakuläre Finale der internationalen Klimaschutzwoche „Week for the Future". „Es gibt keinen Planeten B!" oder „Rettet die Zukunft!" steht auf selbst gebastelten Schildern von Schülern, die an die Erwachsenen appellieren.

Zuvor hatte die „Klimaaktivistin der Welt", die 16-jährige Schwedin Greta Thunberg, den Mächtigen beim Weltforum der Vereinten Nationen die Leviten gelesen. In einer Wutrede

Beim Laver Cup besiegt das Team Europa das Team Welt. Die vom Schweden Björn Borg betreute Equipe gewinnt in Genf mit 13:11. Österreichs Dominic Thiem darf mit den Tennisstars Rafael Nadal, Roger Federer, Alexander Zverev, Stefan Tsitsipas und Fabio Fognini jubeln.

Die Katzen erobern das Wiener Ronacher. Und wie bei der Erstaufführung 1983 an der Wien unter Direktor Peter Weck tobt das Publikum vor Begeisterung. Das erfolgreiche Musical feiert in einer neuen Version Premiere: eine mitreißende Produktion vom Feinsten.

Liebes-Aus bei Gabalier! Die Meldung von TV-Moderatorin Silvia Schneider kommt per facebook und mit dem Goethe-Zitat: „Es nimmt der Augenblick, was Jahre geben." Die Designerin (37) gibt bekannt, dass sie nicht mehr länger mit dem Volks-Rock'n'Roller Andreas Gabalier liiert ist. Somit ist die Liebesbeziehung, die sie seit 2013 führten, zu Ende.

Menschen auf Straße

Klima!

prangerte das Mädchen ihr Versagen an und verkündete: „Wir werden euch das nicht durchgehen lassen!"

Allerdings fehlten die größten Klimasünder der Welt: Kein Xi Jinping, kein Putin, kein Bolsonaro – und US-Präsident Donald Trump schaute nur für ein paar Sekunden vorbei.

Mit Frauenpower meistert Brigitte Bierlein inmitten aller politischen Beben ihre Aufgabe als Bundeskanzlerin. Im Interview mit „Krone Bunt"-Chefin Edda Graf nimmt die an und für sich medienscheue Richterin ungewohnt offen Stellung zu vielen Fragen. „Ich war so oft in der Hofburg, dass mich der Hund des Herrn Bundespräsidenten schon schwanzwedelnd begrüßt und zu mir auf den Schoß gesetzt hat", beschreibt sie dabei sehr humorvoll auch ihren guten Kontakt zu Alexander Van der Bellen.

10 bis 15% Stammkunden · 1,9 Mrd. € Umsatz

Rekordausgaben für Bio vor allem im Einzelhandel

Bio-Lebensmittel werden immer beliebter! Ein bis zwei Produkte landen beim Einkauf im Schnitt im Einkaufswagerl. Mehr als 1,9 Milliarden Euro gaben die Österreicher im Vorjahr aus. Motive: Wohlbefinden und die Klimakrise!

Der Wunsch, dem Körper und der Umwelt etwas Gutes zu tun, steht bei Österreichs Konsumenten immer mehr im Fokus, so eine aktuelle Umfrage der Agrarmarkt Austria. Das treibt auch die Bio-Jahresumsätze an: Zuletzt waren es schon 1,9 Milliarden Euro. Das bedeutet immerhin ein Plus von mehr als fünf Prozent.

Mehr als drei Viertel des „Bio-Kuchens" setzen die heimischen Supermarkt-Ketten um. Und etwa 17 Prozent entfallen auf den Ab-Hof-Verkauf sowie Fachhändler.

Finanzberater schlägt Vermögender (84) mit Sparstrumpf auf Kopf und erstickt sie

Top-Banker tötet Pensionistin

Grauenhafter Raubmord an einer betuchten Bauunternehmerin im niederösterreichischen Thomasberg bei Edlitz. Eine 85-Jährige wird in ihrem Haus mit einem Sparstumpf niedergeschlagen und vom Täter erstickt. Der hauptverdächtige Top-Banker wirft sich nach der Tat vor einen Lastwagen.

Mit voller Absicht läuft der Verdächtige – für ihn gilt die Unschuldsvermutung – auf der Flucht auf die Südautobahn und wirft sich vor einen Lkw. Er wird verletzt und ins Spital eingeliefert. „Auf der Intensivstation legt der Vermögensberater ein Geständnis ab", so „Krone"-Ressortchef Christoph Budin. „Ja, ich hab' sie getötet", sagt der 61-Jährige.

Die Ermittler der Raubgruppe des Landeskriminalamtes Niederösterreich gehen davon aus, dass der dringend Tatverdächtige die durch die zigfachen Hiebe mit ihrem Sparstrumpf voller Münzen auf den Kopf schwer verletzte, aber noch lebende 85-Jährige mit einer Plastikfolie umwickelte – und ihr damit auch die Atemwege zugeschnürt hat.

Wahrscheinliches Motiv: veruntreutes Geld!

⊙ Ermittler der Tatortgruppe vor dem schmucken Haus in Thomasberg. Hier wurde Emma S. (kl.Bd.) niedergeschlagen und erstickt. Nach der grauenhaften Tat warf sich der mutmaßliche Täter auf der nahen Südautobahn vor einen Lkw (Bd. u.). „Die Frau war gut beisammen", so eine erschütterte Nachbarin. ⊙

Neues Glück für Karl von Habsburg-Lothringen. Wie „Adabei"-Chef Norman Schenz berichtet, gehört das Herz des Enkels unseres letzten Kaisers Top-Unternehmerin Christian Reid. Ein Schnappschuss zeigt den Erzherzog bei einem Gespräch mit Chökyi Nyima Rinpoche im Salzburger Zentrum für buddhistische Studien gemeinsam mit seiner neuen Begleiterin.

Die Vorstadtweiber bleiben in der neuen Staffel plastikfrei! Bis zu zwölf Stunden am Tag schwitzen Crew und Schauspieler täglich bei großer Hitze am Set. Der Durst ist enorm. Da entscheidet sich das Team, hinter den Kulissen den Plastikflaschen eine Abfuhr zu erteilen. Künftig wird der Durst aus wiederbefüllbaren Flaschen gestillt. Und wer es prickelnd möchte, darf sich auch am Soda-Stream-Automaten bedienen.

Aus Langeweile verfasst Fernsehlegende Thomas Gottschalk eine Biographie. In seinem brandaktuellen Buch „Herbstbunt" habe er „etwas ausgeschwitzt, was er sonst mit sich rumtragen hätte müssen". Kurzum: eine kleine Lebensbeichte.

Thomas Spitzer und Klaus Eberhartinger in der Stadthalle

Letztes Konzert der 1. Allgemeinen Verunsicherung

Die EAV-Ära geht in Wien zu Ende

Nach 40 Jahren gibt Österreichs Kultband Nr. 1, die Erste Allgemeine Verunsicherung (EAV), am 15. September ihr Abschiedskonzert. Unter dem Motto „Alles ist erlaubt" trägt sich die Gruppe um Sänger Klaus Eberhartinger und Gitarrist Thomas Spitzer in der Wiener Stadthalle selbst zu Grabe und verabschiedet sich endgültig von ihrer großen Fangemeinde.

- Auf den Tag genau 80 Jahre nach dem Überfall von Hitler-Deutschland auf Polen und dem Beginn des Zweiten Weltkrieges fordert Polen am 1. September erneut hohe Reparationszahlungen von Berlin. In einem Papier des Parlaments wird die Summe von 850 Milliarden Euro genannt.
- In den USA hat sich VW mit Tausenden Klägern und der Umweltbehörde EPA geeinigt. Wegen Falschangaben zum Benzinverbrauch ist der Autohersteller bereit, rund 88 Millionen Euro zu zahlen.
- Die USA kommen nicht zur Ruhe. Der dritte Amoklauf binnen eines Monats kostet sieben Menschen das Leben. Bei einer Verkehrskontrolle in Texas eröffnet ein Schütze das Feuer. Er tötet Polizisten und auf der Flucht Passanten, darunter ein Baby. Erst der tödliche Schuss eines Polizisten beendet den Wahnsinn.
- Drama am Monte Rosa in Italien: Bei einem Tandem-Flug krachen zwei Steirer, 32 und 42 Jahre alt, mit ihrem Tandemschirm gegen eine Felswand. Für die leidenschaftlichen Paragleiter-Piloten gibt es keine Rettung.
- Von einem einzigen Blitz werden in Feistritz/Drau sieben Kühe erschlagen, die an einer Metallhalterung festgebunden waren.
- Er war ein gefeierter Freiheitsheld und wurde zum Diktator, der sein Land 30 Jahre in den wirtschaftlichen Abgrund führte: Am 6. September stirbt der Langzeitherrscher von Simbabwe, Robert Mugabe (95).
- 25 Luxusautos des Teodorin Obiang, Sohn des Diktators von Äquatorialguinea, kommen im Schweizer Chéserex unter den Hammer. Sie bringen 21,5 Millionen Euro ein. Die Autos waren von der Genfer Justiz im Rahmen eines Verfahrens um Geldwäscherei eingezogen worden.
- Weltweit sterben nach Angaben der Weltgesundheitsorganisation (WHO) jedes Jahr 2,6 Millionen Menschen, weil sie ambulant oder in Krankenhäusern falsch behandelt werden. Das sind fünf Patienten pro Minute!

Stimmt der Weg? SPÖ-Spitzenkandidatin Rendi-Wagner.

Ibiza & Spesen: FPÖ-Chef Hofer als Wahlverlierer.

SPÖ mit historisch schlechtestem Ergebnis · FPÖ fällt weit unter 20 Prozent

Rot und Blau verlieren – Türkis

Österreich hat gewählt. Und eine Mehrheit will Altkanzler Sebastian Kurz an der Spitze der nächsten Regierung sehen. Türkis und Grün sind die strahlenden Gewinner des Urnengangs, die SPÖ und auch die vom „Ibiza-Video“ sowie einer Spesenaffäre rund um den gefallenen Parteichef gebeutelte FPÖ die großen Verlierer.

FreBeamte Meinl-Reisinger

Nachdenklich: Ex-Innenminister Kickl am Wahlsonntag

Mit 37,5 Prozent kann Türkis das Wahlergebnis von 2017 noch einmal um sechs Prozent steigern. Neben der ÖVP ist auch das Comeback der Grünen erstaunlich. Die aus dem Nationalrat geflogene Ökopartei zieht mit knapp 14 Prozent – beflügelt durch die Klimakrise – wieder ins Parlament ein. Hinzugewinnen können auch die NEOS.

Die großen Verlierer sind die Roten und Blauen. Während die SPÖ mit Spitzenkandidatin Pamela Rendi-Wagner das schlechteste Ergebnis in der Zweiten Republik (knapp 21 Prozent) zu verdauen hat, fällt die FPÖ sogar um fast zehn Punkte auf rund 16 Prozent. Aus dem Parlament fliegt die „List JETZT“ von Pilz. Die Wahlbeteiligung sinkt von 80 auf 75 Prozent.

Strahlender Gewinner: Altkanzler Sebastian Kurz.

> ÖVP-Altkanzler Kurz triumphiert > Ökopartei feiert Comeback > Pilz ist raus:

mit Grün strahlende Gewinner

< Für Peter Pilz von der „Liste JETZT" reicht es diesmal nicht. Nach mehr als 30 Jahren in der Politik macht der Aufdecker einmal Urlaub mit seiner Frau in Italien.

Mit Werner Kogler feiern die Grünen ein fulminantes Comeback. Zwei Jahre nach ihrem Rauswurf aus dem Nationalrat zieht die Ökopartei wieder ins Parlament. >

Moment

CONNY BISCHOFBERGER
conny.bischofberger@kronenzeitung.at

Falsche Hoffnung

Ohne Pamela Rendi-Wagner wäre die historische Niederlage der SPÖ noch deutlicher ausgefallen. Das sollten die Besserwisser in der SPÖ nicht vergessen. Sogar Gerhard Zeiler, dem die Partei Christian Kern als Kanzlerkandidaten vorgezogen hatte, attestierte der Vorsitzenden, gekämpft zu haben „wie eine Löwin". Das Wahlergebnis selbst nannte Zeiler „erschütternd". Die SPÖ müsse wieder auf die Jungen hören und mehr Frauen in die Gremien holen, mahnte er. Eine junge moderne Frau an der Spitze genüge nicht.

Erschütternd. Diese Worte hörte man von den Spitzen der Partei nicht. Im Gegenteil. Pamela Rendi-Wagner gab tapfer Durchhalteparolen aus. Sie freue sich, den weiteren Weg mit den Genossinnen und Genossen gemeinsam zu gehen, versicherte sie. Dann sagte sie diesen unpassenden Satz: „Die Richtung stimmt!" Das klingt schon sehr seltsam, wenn eine Partei gerade Richtung 20 Prozent abgestürzt ist . . .

Schließlich warf auch noch Thomas Drozda seinen Posten hin, obwohl er am Abend zuvor noch beteuert hatte zu bleiben. Aus Pamela Rendi-Wagners Sicht mag es verständlich sein, dass sie auf ihren Wahlkampfmanager als Drozda-Nachfolger zurückgreift. Für die Jungen und die Frauen in der SPÖ ist es das ganz und gar nicht.

Erschütternd. Diese Worte hätte man auch gerne von Rendi-Wagner gehört. Ihre Zuversicht hat sie durch den Wahlkampf getragen. Aber jetzt schlägt diese Zuversicht in falsche Hoffnung um.

Hofburg 1: Grünen-Chef Kogler ungewohnt im Anzug.

Hofburg 2: Die SPÖ-Vorsitzende und die berühmte Tapetentüre.

Hofburg 3: Bundeskanzlerin Brigitte Bierlein wird mit der Weiterführung der Regierung betraut.

Koalitionsverhandlungen wohl zäher und länger als 2017

Schwieriger Poker um

Das Chaos rund um den Namen Strache nimmt innerhalb der Freiheitlichen auch nach der verlorenen Wahl kein Ende. Obwohl der gefallene FPÖ-Chef den Komplettrückzug verkündet und vom Parteivorstand suspendiert wird, bleibt sein langer Schatten. Denn Ehefrau Philippa darf trotz gegenteiligen Beschlusses der Wiener Blauen doch ihr Nationalratsmandat behalten. Und Strache selbst droht mit einer Klage wegen seiner Facebook-Seite.

Der lange Schatten des Ex-FPÖ-Chefs

Hofburg 4: Gut gelaunt trotz Verlusten: FPÖChef Norbert Hofer.

Hofburg 5: ÖVP-Altkanzler Sebastian Kurz erhält vom Bundespräsidenten den Auftrag, eine stabile Regierung zu bilden.

Sebastian Kurz und die Qual der Wahl

neue Regierung

Wer kann mit wem? Diese Frage stellt sich jetzt in den nächsten Wochen und Monaten bei der Wahl des Koalitionspartners. Bundespräsident Alexander Van der Bellen erteilt ÖVP-Altkanzler Kurz den Auftrag zur Bildung einer stabilen Regierung. Die Verhandlungspoker könnten sich aber – nicht so wie noch 2017 – zäher gestalten und über Weihnachten hinaus dauern.

Unsere Innenpolitik-Experten Doris Vettermann, Sandra Schieder und Klaus Knittelfelder begleiten den schwierigen Koalitionspoker vom Anfang bis zum Ende. Sebastian Kurz möchte ja, wie vor der Wahl angekündigt, mit allen reden und schließt keine Partei aus.

Mehrheiten würde es jedenfalls bei Türkis-Rot, Türkis-Blau und auch Türkis-Grün im Parlament geben. Doch die einstigen Großparteien SPÖ und FPÖ zieren sich, sie sehen ihre Rolle aufgrund der Abstrafung durch den Wähler eher in der Opposition.

Und die Ökopartei ist durch das Scheitern nach einer langen Verhandlungsnacht mit Ex-ÖVP-Chef Wolfgang Schüssel im Jahr 2003 gewarnt. Seit dem Koalitions-Trauma haben die Grünen freilich schon in einigen Bundesländern Regierungserfahrung gesammelt. Bei den Gesprächen zwischen Kurz und Kogler steht natürlich die Klimakrise im Mittelpunkt.

Politische Beobachter rechnen bei all diesen Voraussetzungen mit einem zähen Regierungs-Poker bis ins neue Jahr. Derweil verwaltet das Expertenkabinett unter Übergangs-Bundeskanzlerin Bierlein weiter.

Blickpunkt

CHRISTIAN HAUENSTEIN
christian.hauenstein@kronenzeitung.at

Klare Mehrheit gegen Trump

Nancy Pelosi, die 79-jährige Chefin der Demokraten mit Jahrzehnten an politischer Erfahrung, hatte sehr lange gezögert, bis sie der Prüfung eines Impeachments, also eines Amtsenthebungsverfahrens gegen US-Präsident Donald Trump zugestimmt hat. Sie wusste genau, dass die Mehrheit der Amerikaner einen solchen Schritt nicht befürworten würde. Vor allem auch die Mehrheit der unabhängigen Wähler, die weder fix den Demokraten noch den Republikanern zuzurechnen ist, ohne die aber keine Wahl zu gewinnen ist.

Als Pelosi dann doch einem Ermittlungsverfahren im Kongress zustimmte, galt dieser Schritt daher als nicht ganz ungefährlich. Das Manöver, hieß es, könne für die Demokraten auch nach hinten losgehen.

Doch in der Affäre um das Telefonat mit dem ukrainischen Präsidenten Selenskij sind die Vorwürfe gegen Trump erstmals so konkret, dass Pelosi offenbar meinte, gar nicht anders handeln zu können. Denn sollte Trump Selenskij tatsächlich unter Druck gesetzt haben, dass dieser Ermittlungen gegen Joe Biden, Trumps vermutlichem Hauptkonkurrenten bei der Wahl im kommenden Jahr, einleite, dann wäre das ein klarer Verstoß gegen die amerikanische Verfassung. Die verbietet nämlich jegliche ausländische Einmischung in amerikanische Wahlen.

Und siehe da, Pelosi hat ein gutes politisches Gespür bewiesen: Jüngsten Umfragen zufolge befürworten erstmals 55 Prozent der Amerikaner ein Impeachment. Eine klare Mehrheit gegen Trump . . .

Mercedes schreibt beim Grand Prix von Japan erneut Formel 1-Geschichte: Nie zuvor ist es einem Team gelungen, sechsmal in Serie das Titel-Double (Marken- und Fahrertitel) zu holen. Der Brite Lewis Hamilton (34) wird zum sechsten Mal Champion.

Verdacht des Amtsmissbrauchs und möglicher Vertuschung

Wegen Ukraine-Affäre droht Trump Absetzungsverfahren

Mit dem Vorwurf gegen US-Präsident Trump, dieser habe vom ukrainischen Staatschef Selenskij kompromittierende Informationen über den Sohn des demokratischen US-Präsidentschaftsbewerbers verlangt, stemmt sich Kongress-Veteranin Nancy Pelosi (79) gegen Trump – sie fordert ein Absetzungsverfahren!

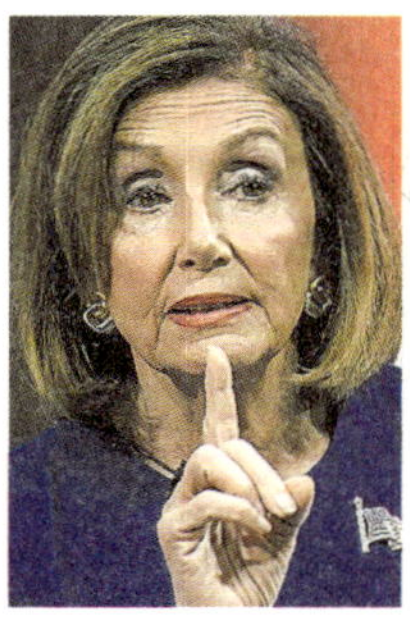

Ⓐ Die Kongress-Veteranin der Demokraten, Nancy Pelosi, hat sich zur Frontfrau gegen Präsident Trump entwickelt. ⓐ

Die Veröffentlichung eines vertraulichen Telefongespräches zwischen dem US-Präsidenten und dem ukrainischen Präsidenten Wolodimir Selenskij bringt Trump ein Impeachment-Verfahren (Amtsenthebungsverfahren) ein. Auch der Präsident in Kiew gerät dadurch unter Druck.

„Das Ukraine-Gate Trumps kann auch für Selenskij zum Verhängnis und politischem Desaster werden. Obwohl er mit dem Sohn des Ex-US-Vizepräsidenten Biden und dessen fragwürdigen Gasgeschäften in der Ära Poroschenko nichts zu tun hat. Da es Selenskij an politischer Erfahrung und Fingerspitzengefühl mangelt, könnte er in den Fall hineingezogen werden", so „Krone"-Mitarbeiter Igor Belov. Zumal der Ukraine-Präsident in Übersee übertrieben schmeichelhafte Komplimente an Trump verteilt habe.

Der US-Präsident ist verärgert und bezeichnet den Informanten als Spion. Und mit Spionen und Verrätern sei man in der Vergangenheit anders umgegangen.

Vater und 6 Kinder befreit · Österreicher in Haft

Familie in Holland neun Jahre in Keller gesperrt

Ein erschütternder Fall in den Niederlanden schockiert die ganze Welt: In einem abgelegenen Bauernhof bei Ruinerwold leben sechs junge Leute und deren kranker Vater völlig abgeschirmt von der Außenwelt in einem Keller.

Jan (25) flüchtete aus dem Hof und bat um Hilfe.

Aufgeflogen ist der Fall, weil der Älteste aus der Gruppe in einem Wirtshaus Zuflucht suchte. Dort erzählte Jan, er habe über neun Jahre völlig isoliert auf dem Bauernhof gelebt. Kurioserweise soll er via Internet Zugang zur Außenwelt gehabt haben. Als Schlüsselfiguren der obskuren „Sekte“, die sich aus Angst vor dem Weltuntergang verbarrikadiert hatte, gilt der Mieter des Bauernhofes: der 58-jährige Österreicher Josef B. und der Vater der Kinder Gerrit J. (67).

Mit dem Nobelpreis erklimmt der Kärntner Peter Handke den Literatur-Olymp. „Krone“-Kolumnist & -Kritiker Heinz Sichrovsky kennt den Schriftsteller wie kaum ein anderer Kulturexperte. Sein Urteil: „Bei Handke ist jedes Wort an seinem Platz.

„Entenfellners Tier-Welt“ wöchentlich auf ServusTV

Ein tierisch schönes Leben

„Krone“-Tierschützerin Entenfellner

Neuer Auftrag für Österreichs bekannteste Tierschützerin Maggie Entenfellner. Ab November zeigt die Ressortleiterin der „Krone“-Tierecke mit „Entenfellners Tier-Welt“ wöchentlich auf ServusTV die interessantesten, unterhaltsamsten Geschichten aus dem Universum der Vierbeiner – vom heimischen Haustier bis zum exotischen Wildtier. „Ich freue mich, dass wir zeigen können, wie schön das Leben der Tiere ist“, so Entenfellner im Interview mit „Krone“-TV-Redakteurin Marie-Therese Leopoldsberger-Pribil. „Je mehr Menschen über Tiere wissen, desto besser können sie sich auch für deren Wohlergehen einsetzen.“

Nach Niederlage im Parlament: Zeichen auf Brexit-Verschiebung!

Über Monate führt der britische Premier Boris Johnson ein schwer durchschaubares Spiel mit der EU rund um die Brexit-Verhandlungen. Kurz bevor das Abkommen am 31. Oktober ratifiziert werden soll, erleidet Johnson eine Abstimmungsniederlage. Nun stehen die Zeichen auf eine Brexit-Verschiebung.

Michael Chalupka wird mit einem Festgottesdienst in Wien als neuer evangelischer-lutherischer Bischof in sein Amt eingeführt. Präsident Alexander Van der Bellen würdigt Chalupkas Schlagfertigkeit und Witz: „Das trifft man nicht so häufig bei Bischöfen.“ „Krone“-Leser kennen Chalupka dank seiner pointierten Kolumnen.

Österreichs Fußball-Team nach zwei Auftaktniederlagen wieder in der Erfolgsspur

EURO 2020, wir kommen!

Jubel bei Österreichs Fußball-Nationalteam nach dem wichtigen Auswärtssieg in Slowenien

Österreichs Fußball-Nationalteam ist wieder in der Erfolgsspur. Nach zwei bitteren Auftaktniederlagen zu Beginn der Qualifikation für die Europameisterschaft sorgen die rotweißroten Kicker mit vier Siegen und einem Unentschieden wieder für klare Verhältnisse. EURO 2020, wir kommen!

Nach der Revanche daheim gegen Israel holen sich die Fußballer – trotz Ausfällen der beiden Stars Marko Arnautović und David Alaba – den wichtigen Auswärtssieg gegen Slowenien. Als zweiter in der Gruppe hinter Polen fehlt vor den abschließenden beiden Spielen im November (daheim gegen Nordmazedonien und auswärts in Lettland) nur noch ein Punkt für die erneute Qualifikation für eine Europameisterschaft. Das lässt sich die österreichische Fußball-Nationalmannschaft nicht mehr nehmen.

Der anfänglich stark kritisierte Teamchef Franco Foda hat es seinen Kritikern jedenfalls mit Leistung auf dem Platz gezeigt.

Nummer eins auf den Handys der Österreicher

29% aller Internet-Nutzer in Österreich (Einzelangebote) lesen krone.at auf ihrem Handy

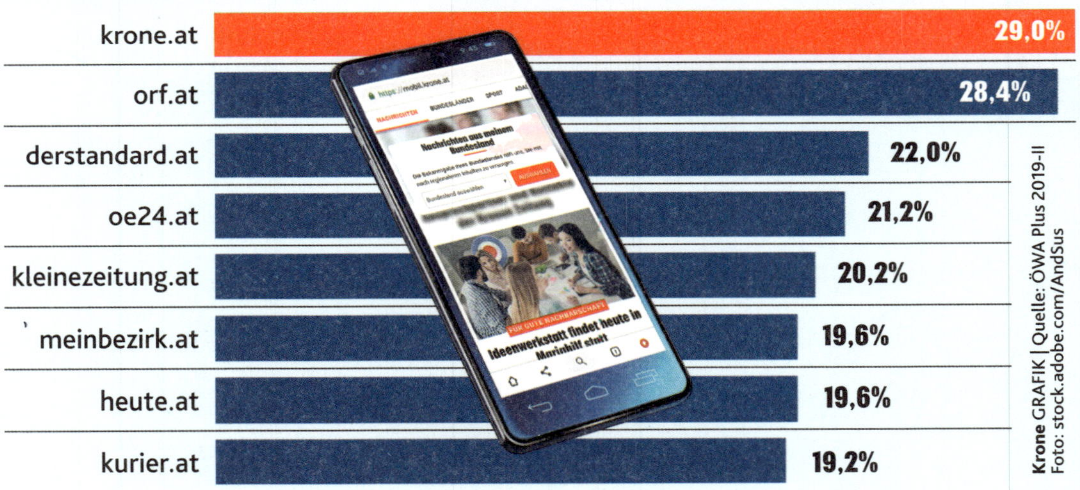

„Krone" ist auch im Internet top

Rekordergebnis für krone.at: Die eigene Bestmarke wird erneut übertroffen. Das Online-Portal der mit Abstand größten heimischen Tageszeitung des Landes wird mittlerweile von mehr als 2,7 Millionen einzelnen Internetnutzern im Monat angeklickt. „Und das besonders gerne vom Smartphone aus", freut sich Geschäftsführer Michael Eder. Auf den Handys der Österreicher ist die „Krone" die Nummer 1. Schöne Nachrichten in diesem Zusammenhang gibt es aber auch für die Print-Ausgabe. Denn in Wien und mehreren anderen Bundesländern greifen wieder mehr Leser zur „Kronen Zeitung".

Ermittlungen: Heinz-Christian Strache und Ehefrau Philippa.

Ehepaar bei Spesen-Affäre im Verdacht der Veruntreuung:

Die Straches im Justiz-Visier

Der Spesen-Krimi um den üppigen Lebensstil möglicherweise auf Kosten der Partei wird im Hause Strache zur „Familien-Affäre". Denn die SOKO Ibiza ermittelt wegen Verdacht der Veruntreuung gegen den gefallenen FPÖ-Parteichef und seine Ehefrau Philippa.

Nachdem der Ex-Leibwächter und die frühere Büroleiterin des einstigen blauen Frontmannes eine Lebensbeichte ablegen, gerät das Ehepaar Strache ins Visier der Staatsanwaltschaft. Zuerst wird nur gegen den gestürzten FPÖ-Chef wegen möglicher Veruntreuung durch doppelte Rechnungen ermittelt, später leitet die Justiz aber auch ein Erhebungsverfahren gegen seine Ehefrau Philippa ein. Kein Kavaliersdelikt: Ab einer Schadenssumme von 5000 Euro drohen im Falle einer Verurteilung bis zu drei Jahre Gefängnis.

Für die ehemalige Tierschutzbeauftragte der Freiheitlichen kommt das zur Unzeit. Denn das blonde 32-jährige Ex-Model hat bei der Wahl ein Nationalratsmandat errungen und überlegt tatsächlich, ins Parlament einzuziehen. Dort ist sie aber nicht durch Immunität geschützt, zudem würde sie der FPÖ-Klub sofort hinauswerfen und sie wäre eine sogenannte wilde Abgeordnete – ohne jeden parteilichen Rückhalt.

Im Khalifa-Stadion von Doha gibt das kleine heimische Leichtathletik-Team ein kräftiges Lebenszeichen von sich. Während Diskus-Werfer Lukas Weißhaidinger überhaupt als erster Österreicher bei einer Weltmeisterschaft mit Platz 3 eine Medaille holt, kann sich Verena Preiner in der Königsdisziplin der Frauen, dem Siebenkampf, ebenfalls über eine Bronzene freuen. Das gibt Hoffnung für Olympia in Japan 2020.

- Die erzkonservative Partei „Recht und Gerechtigkeit" von Jarosław Kaczyński fährt bei den Parlamentswahlen in Polen einen ordentlichen Stimmengewinn ein. Die PiS setzt im Wahlkampf mit den Themen Kirche und mit großen Sozialversprechen auf die nationale Karte.
- Als erster US-Staat verbietet Kalifornien ab 2023 den Verkauf neuer Pelzprodukte. Bis dahin haben Geschäfte Zeit, ihr bestehendes Inventar zu verkaufen.
- Ein auf die Autobahn im deutschen Villingen-Schwenningen von einer Böschung hinabgestürzter Felsbrocken löst einen tödlichen Autounfall aus. Ein Porsche-Fahrer kann nicht mehr ausweichen und verbrennt im Wrack.
- Staatstrauer in Tschechien um Komponist und Schlagersänger Karel Gott. Die „goldene Stimme aus Prag", auch bekannt durch das weltberühmte Biene-Maja-Lied, stirbt nur wenige Wochen nach seinem 80. Geburtstag.

- Der österreichische Golfer Bernd Wiesberger holt sich mit dem Sieg bei den Italian Open nicht nur einen riesigen Scheck über 1,1 Millionen Euro, sondern heuer auch schon sein zweites Turnier der hoch dotierten Rolex-Serie. Im vergangenen Jahr war der 34-Jährige mehrere Monate nach einer Handgelenksoperation ausgefallen. Zudem ist er bereits 22. der Weltrangliste.
- Die deutsche Tennis-Legende Boris Becker will schon bald schuldenfrei sein. Derzeit müsse er von seinem Einkommen 52 Prozent an den Insolvenzverwalter abliefern.
- Die Gesundheit von 200 Millionen Buben und Mädchen unter fünf Jahren, das ist jedes dritte Kind in diesem Alter, ist durch schlechte und unzureichende Ernährung gefährdet, warnt das Kinderhilfswerk UNICEF.

Im Brennpunkt

DR. MED. WOLFGANG EXEL

30. Geburtstag!

Unglaublich, aber wahr: Heuer feiert das „Gesund-Magazin" bereits den 30. Geburtstag! Und das ist Ihnen zu verdanken, liebe Leserinnen und Leser!

1980 habe ich – damals noch Lokalreporter und Medizinstudent – die Gesundheit als wichtiges Thema angeboten. 1981 erschien dann die erste „Sprechstunde". Ende 1988 stellte sich bei einer Leserumfrage heraus, dass die Gesundheit mittlerweile hoch im Kurs stand.

Im folgenden Frühjahr wollte der legendäre „Krone"-Gründer Hans Dichand von mir wissen: „Was ist jetzt mit Ihrem Gesundheitsmagazin?" Ich antwortete: „Das weiß ich nicht, es ist ja Ihre Entscheidung." Darauf Hans Dichand: „Wir haben entschieden. Machen Sie's!"

Am 16. September 1989 durfte ich die erste Ausgabe von bis jetzt schon mehr als 1500 (!) gemeinsam mit Bürgermeister Helmut Zilk und dem ebenfalls unvergessenen Willi Dungl im Wiener Rathaus aus der Taufe heben (siehe unten).

Neben den „Frauen der ersten Stunde", Karin Podolak und Eva Rohrer (Hannelore Mezei ist bereits in Pension) arbeitet auch in Zukunft ein tolles Team für Sie, das wir im Laufe des Jubiläumsjahres gebührend vorstellen wollen.

Foto: Martin A. Jöchl

Militärdekan Rachlé beim Kirchenbau in Tansania.

Polizeischutz nach Priestermord in Nigeria für Pater Karl

Zwei Geistliche aus Österreich zeigen mit ihren Projekten, wie

„Christliche Hilfe" für

Mit rührenden Projekten unterstützen zwei Geistliche in Afrika Sozialprojekte: Während sich Militärdekan Christian Rachlé in Tansania um den Bau einer Kirche kümmert, setzt sich Pater Karl Wallner vom Zisterzienserstift Heiligenkreuz für die Bekämpfung der Armut und gegen die Gräueltaten von Islamisten in Nigeria ein.

„Wir helfen Menschen, dort bleiben zu können, wo sie geboren sind, und ihre Heimat zu erleben", so Militärdekan Rachlé. Es sei besser, Leute vor Ort zu unterstützen. Denn viele nach Europa Geschleppte würden hier nur unglücklich werden. Dank „Krone"-Spendern und der Unterstützung durch Bischof Werner Freistetter sowie der Militärdiözese kann die Missionskirche im November eingeweiht werden.

Pater Karl wiederum kämpft als unerschrockener Nationaldirektor von „Mis-

Handy-Hölle von Sodom!
„Krone"-Redakteur Gregor Brandl (Foto) begleitet Recycling-Experten Markus Spitzbart beim Lokalaugenschein auf dem berüchtigtsten Elektroschrottplatz der Welt in Ghana. In einer packenden Reportage berichtet Brandl über die unmenschlichen Arbeitsbedingungen mitten im Müll.

man vor Ort hilft:

Afrika!

sio Österreich“ unter Lebensgefahr für Hilfsprojekte in Nigeria. „Wir bemühen uns, Schulen zu errichten und Jugendlichen und Frauen eine Berufsausbildung zu ermöglichen, damit sie eine Zukunft haben. Sie wollen dann gar nicht nach Europa, da sie daheim eine Lebenssicherung haben“, so Wallner.

Großer Abschied des Layout-Künstlers. Hermann Müller prägte fünf Jahrzehnte das Gesicht der „Krone“ und 30 Jahre lang das Erscheinungsbild des Schlagzeilenbuches. Seine immer mit Herzblut gestalteten Seiten gelten in der Branche als kleine Kunstwerke. Herausgeber Dr. Christoph Dichand und das gesamte „Krone“-Team wünschen viel Gesundheit – und in der Pension dann mehr Zeit für sein einziges Handicap: das Golfen . . .

Sicherheitsrevolution für Städteüberwachung

Drohnen zur Abwehr von Terror im Anflug

Sicherheitsrevolution im Anflug! Denn erste Konzepte für flächendeckende Polizeidrohnen auch für Großstädte wie Wien liegen vor. Zudem sollen dank der Überwachung aus der Luft im Ernstfall gefährliche Kriminelle oder Terroristen aufgespürt werden.

„Bei der Städteüberwachung aus der Vogelperspektive geht es darum, dass voll automatisierte Drohnen in bestimmten Fällen von selbst hochsteigen und live übertragen. Simultan erfolgt eine Meldung an die Sicherheitskräfte“, so „Krone“-Redakteur Florian Hitz.

„Vollautonome Systeme werden auch im zivilen Bereich auf dem Vormarsch sein. Denn sie sind günstig, effizient, schwer zu stoppen und bereits vielerorts im Einsatz“, sagt Terrorexperte Nicolas Stockhammer von der Uni Wien.

Der kroatische Astrophysiker Stefan Cikota wiederum plant ein Netzwerk autonomer Sicherheitsdrohnen. Die Bilder dieser fliegenden Kameras sollen in Echtzeit auf Handys oder Tablets übertragen werden.

„Für Wien würden 50 Flugobjekte reichen. Sie würden auf öffentlichen Flächen in Metallkästen stationiert und bei Bedarf automatisch starten. So könnten Sicherheitskräfte binnen 30 Sekunden über Tatorte in der Stadt im Bilde sein“, erklärt Cikota.

Mit Drohnen soll die Überwachung von Städten wie Wien revolutioniert werden. Binnen Sekunden werden Bilder auf Handys oder Tablets übertragen.

Minister: „Militärische Schulung und Training der Afrikaner im Kampf gegen Terror"

Österreicher leitet Mali-Mission

Habersatter (li.) & General Brieger mit Malis Militärvertreter

Auch wenn das Heer nahezu bankrott ist, setzt Minister Starlinger auch weiterhin auf Auslandseinsätze, mit dem klaren Ziel: den Menschen vor Ort im Kampf gegen Islamisten, Menschenhändler und Schmuggler zu helfen. In Mali übernimmt mit Brigadier Habersatter ein Salzburger das Kommando der EU-Mission Mali.

„Im fünften Jahr der EU-Mission in Mali hat sich die Sicherheitslage in dem riesigen Land verschlimmert", so Verteidigungsminister Thomas Starlinger. Deshalb sollen europäische Militärprofis die schlecht geschulten Soldaten Malis ausbilden. „Ein Ziel des EU-Einsatzes ist es, die malische Armee zu stärken, um die Schlepper-Routen, über die Flüchtlinge via Nordafrika nach Europa strömen, zu kontrollieren", fasst Generalstabschef Robert Brieger die Hauptaufgabe beim Frontbesuch zusammen.

„Gleichzeitig unterrichtet Melissa Mujanayi als politische Referentin des Verteidigungsministeriums Menschen- sowie Frauenrechte. Zudem klärt sie die Soldaten über den korrekten Umgang mit Frauen auf", so Presseoffizier Robert Rauter.

© Erfahrene Militärs schulen malische Soldaten; Lehrerin M. Mujanayi

Weltweite Premiere für bessere Arbeitsverhältnisse

1. Kollektivvertrag für Österreichs Fahrradboten und Essenszusteller

Die Sozialpartner haben sich auf einen weltweit ersten Kollektivvertrag für Fahrradzusteller geeinigt. Ab 1. Jänner 2020 soll der Basislohn 1506 € brutto betragen. Vor allem in Wien, wo die Zahl dieser Pedalritter enorm zugenommen hat, freut man sich über diese gewisse Absicherung. Die meist schlecht bezahlten Fahrradboten radeln bislang als „freie Dienstnehmer" oder „Selbstständige" durch die Städte.

Die Vignette 2020 wird himmelblau, kostet um 2,1% mehr und ist ab 1. Dezember gültig. Die Asfinag begründet die Verteuerung mit der Inflationsanpassung. Pkw-Lenker zahlen 91,10 Euro im Jahr; Motorradfahrer 36,20 €. Eine 10-Tages-Vignette für das Auto gibt es um 9,40 Euro, eine für Motorräder für 5,40 Euro.

Alleine über den Atlantik: Der Salzburger Wolfgang Fankhauser will im Dezember alleine über den Atlantik rudern. Der Start erfolgt von der kanarischen Insel La Gomera aus, Ziel ist das 4800 Kilometer entfernte Antigua in der Karibik. Die Anschaffung des Bootes kostete 45.000 Euro. Nach der erfolgreichen Ruder-Mission will der 38-jährige Salzburger das Boot versteigern und den Erlös an die Salzburger Kinderkrebshilfe spenden.

Schon 2020 soll strenge Überwachung der Laster gelten:

Nach tragischem Unfalltod Abbiegeassistent für Lkws!

Der Fahrer-Check: Mittels Kamera-Unterstützung soll der Lenker eines Lastwagens im Führerhaus genau erkennen, ob sich jemand auf der rechen Seite seines Gefährts befindet.

Nachdem ein Bub in Wien-Landstraße auf dem Gehsteig von einem Lkw getötet worden ist, versuchen Verkehrsexperten die Gefahr des toten Winkels beim Rechtsabbiegen mittels einer technischen Einrichtung, dem „Abbiegeassistenten", in den Griff zu bekommen.

Die Stadt Wien ist Vorreiter und plant für alle Fahrzeuge über 7,5 Tonnen, die keinen Abbiegeassistenten haben, ein Rechtsabbiegeverbot einzuführen. „Die Sicherheit im Straßenverkehr, vor allem von Kindern, steht an erster Stelle und darf nicht hinausgezögert werden", so die grüne Verkehrsstadträtin Birgit Hebein: „Deshalb habe ich ein Ermittlungsverfahren zur Einführung des Rechtsabbiegeverbots für schwere Lkws beauftragt. Die Regelung soll schon ab Frühjahr 2020 in Kraft treten!"

„Und wenn das Verbot gilt, soll es laut Vizebürgermeisterin Hebein finanzielle Unterstützung für die Aufrüstung geben", berichtet „Krone"-Redakteurin Maida Dedagic.

Erfolg für „Krone"-Aktion

Was Leser

Was stört Sie im Gemeindebau? Das fragte die „Wien-Krone" ihre Leser – und erhält in kurzer Zeit Hunderte Mails, Briefe sowie Anrufe. Die lange Liste der Probleme: Müll, Lärm, Schimmel usw. Jetzt stellen wir Ihnen alle Maßnahmen vor, die anhand Ihrer Meldungen von der Stadt Wien umgesetzt werden.

&#@§!!! Was stört Sie im Gemeindebau?

„Ich möchte mich für die große Beteiligung am Aufruf der ‚Kronen Zeitung' bedanken. Ich habe mir die Berichte sehr genau durchgesehen und die Kritik sehr ernst genommen", sagt Wohnbaustadträtin Kathrin Gaál.

Ihr Maßnahmenpaket: Die Zahl der Ordnungshüter wird verdoppelt – und zwar auf eine Eingreiftruppe mit 40 Beamten. Dadurch kann es mehr Razzien gegen Müll

Lange Problemliste in Wiener Gemeindebauten.

35 Polizisten für Radweg

Ihnen ist zu verdanken, dass die Linke Wienzeile nicht täglich im Chaos versinkt: Die Wiener Polizei sichert Kreuzungen, hält den Verkehr aufrecht und verhindert Verwaltungsübertretungen. „Krone"-Redakteurin Isabella Kubicek findet heraus: Für die Sicherung des neu gebauten Radweges sind täglich 35 (!) Beamte im Einsatz. Statt Verbrecher zu jagen, müssen die Uniformierten im Auftrag der Stadt einen Radweg bewachen. Zu den Beamten diverser Inspektionen kommen noch sechs Polizisten auf Motorrädern, der Hauptkoordinator und ein Experte, der das Grätzel mit einer Drohne überblickt.

Problemliste der Mieter Stadt verspricht Maßnahmen:

im Gemeindebau stört

und Lärm geben. Als Unterstützung sind ab sofort Privatdetektive im Einsatz. Im Visier stehen auch verbotene Untervermietungen.

Zudem werden mehr Kameras Problem-Müllräumen überwachen. Beamte können die Videos live auf ihren iPads sehen, weiters wird das Material 48 Stunden lang gespeichert. Einige dieser Müllräume werden mit einem „Natürlich sicher"-Chip-Zutrittssystem ausgestattet. Nur noch Berechtigte dürfen hinein.

Und um besser gegen Lärmbelästigung vorgehen zu können, werden auf der Homepage von Wiener Wohnen Musterdokumente für Unterlassungsklagen zur Verfügung gestellt.

Taubendreck am Balkon, Wasserschaden an der Decke – die Sorgen und Probleme der Mieter

Der alte mit dem neuen Wiener Bürgermeister im „Krone"-Doppelinterview:

Über Schmäh und Drohungen

Drei Michaels im Bild: „Krone"-Ressortleiter Pommer, Häupl und Ludwig

Zwei Männer, zu denen die Wiener (immer noch) „Herr Bürgermeister" sagen: der ehemalige Stadtchef Michael Häupl und sein Nachfolger Michael Ludwig. Im Bruno Kreisky Forum geben beide Ressortleiter Michael Pommer ein Interview. Über Häupls 70er, die Wahl, Kurz'sche Drohungen und den Humor.

Die Aussagen seines Vorgängers haben Kultstatus. Für Nachfolger Michael Ludwig „ist es keine Schande, weniger Schmäh zu haben als Michael Häupl. Und was tut dem genannten Geburtstagskind zum 70er schon weh? Häupl: „Gott sei Dank eher wenig. Ein bisschen das Kreuz, aber das war's." Lediglich als eine junge Dame in der Straßenbahn aufsteht und ihm einen Sitzplatz anbietet „hab ich mir gedacht, jetzt ist es soweit".

Nach dem Humor geht es zu ernsteren Themen. Auf die Wien-Kritik von ÖVP-Chef Sebastian Kurz kontert Michael Ludwig: „Ich spreche mich gegen den Versuch aus, die anderen Bundesländer gegen Wien aufzuhetzen. Wenn man den Finanzausgleich nutzen will, um Wien zu schwächen, wird man mit mir einen echten Gegner haben."

Mysteriöses Foto und Ungereimtheiten rund um Wiener Explosionshaus · Mütter

„Will, dass Wahrheit auf Tisch

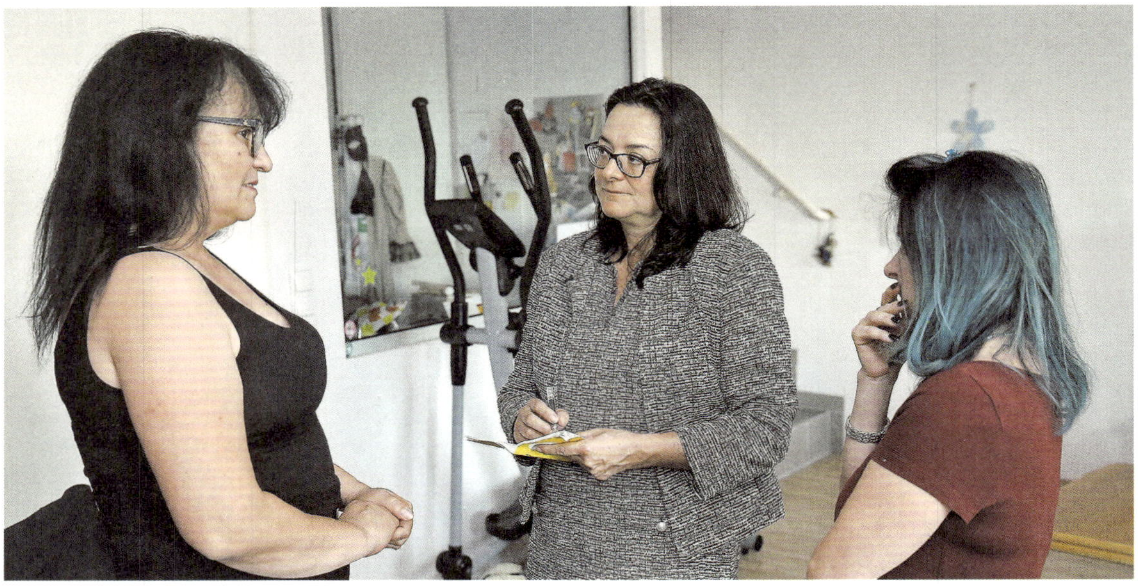

„Krone“-Redakteurin Martina Münzer im Interview mit den Müttern der zwei Explosions-Opfer

Eine Gasexplosion reißt Ende Juni ein Loch in das Leben der Bewohner eines Gemeindebaus in Wien-Wieden. Ein Koch soll sich in die Luft gesprengt und seine Nachbarin mit in den Tod gerissen haben. Nun klagen die Mütter der beiden Todesopfer an – ein mysteriöser Krimi. . .

„Ich will, dass die Wahrheit auf den Tisch kommt“, erklärt Martha Sch. und kämpft mit den Tränen. Ihr Sohn soll laut Polizei die Gasleitung abgesägt und so die verheerende Explosion ausgelöst haben. Ebenso mysteriös klingt die Suche

Großeinsatz in der Seestadt Aspern! Der erste selbstfahrende Bus in Wien ist in einen Unfall verwickelt. „Eine Fußgängerin mit Kopfhörer und Blick aufs Handy wird beim Überqueren der Straße von dem Fahrzeug seitlich touchiert“, schildert „Krone“-Redakteurin Maida Dedagic. Der Betrieb des autonomen Busses wird vorübergehend eingestellt. Die Wiener Linien analysieren die Ursache.

Monatliche Gebühr und Festlegung von Zonen:

Stadt bittet Ticketverkäufer in Mozartkostümen zur Kassa

Lästige Ticketverkäufer in Mozartkostümen sorgen seit Jahren in der Wiener Innenstadt für Ärger. „Krone“-Redakteur Philipp Wagner: „Einheimische und Touristen geht die aufdringliche Kartenkeilerei gehörig auf die Nerven. Mit neuen Regeln will der Landtag das Treiben nun eindämmen.“ Die Eckpunkte: eine monatliche Gebühr für jeden Verkäufer und eine Festlegung von Zonen. Es soll den Wildwuchs etwas reduzieren und das Shopping-Ambiente für die Kunden erhöhen.

Bundesland IN KÜRZE

Krankenhaus Nord

Die ewige Baustelle Krankenhaus Nord geht ins Finale. Kaum eröffnet, geht aber schon der erste Direktor nach falschen Gehaltsüberweisungen. Auch eine U-Kommission wegen Pannenserie und den Baukosten kommt.

der Toten klagen an:

kommt“

nach dem zweiten Opfer, der 29-jährigen Ana B. Ihre Mutter Snezana S. zeigt ein Handyfoto. Es soll von den Einsatzkräften stammen. „Der Mann sagte: ‚Ich habe diese Frau als zweites Opfer gefunden. Sie muss auf dem Weg in ein Spital sein.‘“

Es ist nach 18 Uhr. Die Familie startet daraufhin eine Odyssee durch Wiens Spitäler, doch keine Spur von der zweifachen Mama.

Erst viel später erfährt sie, dass ihre Tochter angeblich um 2.20 Uhr – also mehr als acht Stunden später – tot in den Trümmern des Explosions-Hauses aufgefunden wurde. Und sie solle das Foto einfach vergessen.

Dieses Handyfoto soll Ana B. am frühen Abend nach der Explosion zeigen. Doch erst Stunden später wurde die zweifache Mama laut offiziellen Angaben (oben) tot in den Trümmern gefunden.

Streit ums Fahrgeld · Neues Gesetz beschließt Gewerbe-Zusammenlegung:

Taxler-Aufstand gegen Uber

Seit der Fahrdienstleister Uber jeden zum Taxilenker macht und viel billigere Preise anbietet, brodelt es gehörig in der heimischen Taxibranche. Der Nationalrat beschließt eine Gewerbe-Zusammenlegung – und vor dem Wiener Handelsgericht hagelt es Millionenstrafen.

Die Zukunft von Uber hierzulande ist grundsätzlich fraglich. Den angekündigten Rückzug aus Österreich hat das Technologieunternehmen mit Hauptsitz in Amerika nach der Gesetzesänderung allerdings vorerst aufgeschoben. „Krone“-Redakteur Alexander Schönherr: „Hintergrund für entsprechende Überlegungen sind einheitliche Tarife für Taxi und Mietwagen und die Taxischeinpflicht für alle.“ Die neuen Regelungen lassen allerdings noch auf sich warten. Das Bundesgesetz tritt erst im September 2020 in Kraft.

Auch die Wiener Taxifahrer protestieren gegen den billigeren Konkurrenten Uber.

Stadt gegen Airbnb

Die Stadt Wien bleibt im jahrelangen Streit um die Ortstaxe mit Airbnb hart und lehnt weitere Gespräche mit der weltweit agierenden Online-Vermietungsplattform ab.

E-Scooter-Wildwuchs

Bereits sechs Leihanbieter vermieten die trendigen Roller in der Stadt. Immer mehr Wiener beklagen aber den Abstell-Wildwuchs bei E-Scootern, die gesetzlich mit Radlern gleichgestellt sind.

Letztes Kohlefeuer im NIEDERÖSTERREICH

Ein Kapitel Industriegeschichte ist somit für immer zu Ende.

„Ein Kapitel Industriegeschichte ist zu Ende!", so bringt NÖ-Redaktionsleiter Lukas Lusetzky den energiepolitischen Schlussstrich auf den Punkt. Denn am 2. August geht nach Verbrennung der Lagerbestände im Kraftwerk Dürnrohr das Kohlefeuer für immer aus. Landeshauptfrau Johanna Mikl-Leitner ist Augenzeugin des Erlöschens nach 33 Jahren.

Seit 1986 ist Dürnrohr Eckpfeiler der Energiegewinnung Ostösterreichs gewesen. Zu Spitzenzeiten wurde hier Steinkohle für bis zu einem Jahr Produktion gelagert. 1,7 Millionen Haushalte konnten bei Volllast versorgt werden. „Unser Ausstieg aus der Kohleverstromung ist ein Beitrag zum Klimaschutz, bringt aber große Herausforderungen für die heimische Versorgungssicherheit", gibt EVN-Chef Stefan Szyszkowits zu bedenken. „Wir sparen durch diesen Schritt 3,6 Millionen Tonnen an Emissionen ein", freut sich ÖVP-Landeshauptfrau Mikl-Leitner. Schalttechnisch bleibt Dürnrohr allerdings ein Energieknotenpunkt.

3,6 Millionen Tonnen Kohlendioxid-Ersparnis! Dem Häschen auf den Kohleresten scheints zu freuen.

Gratis-Pistenspaß am Hochkar

Sonnenskilauf im Wonnemonat Mai

Sportfans: „Das hat's noch nie gegeben!"

Ein Wintereinbruch, mit dem die Eisheiligen übers Land ziehen, macht es möglich: Mitten im Wonnemonat Mai können Skibegeisterte am Hochkar wedeln. „70 bis 130 Zentimeter Neuschnee haben uns auf die Idee gebracht, die Pisten noch einmal zu öffnen", sagt Bergbahnen-Betriebsleiter Heinz Huber, der mit Göstlings Ortschef Fritz Fahrnberger bereits Probeschwünge gezogen hat. Die Idee, das Skigebiet am 18. und 19. Mai für den Sonnenskilauf gratis zu öffnen, löst eine Besucherlawine aus: 6000 Skifans wedeln bei Traumbedingungen über die Pisten. Wegen des Andrangs muss sogar die Mautstraße gesperrt werden.

„Krone"-Fotograf Crepaz hielt den großen Andrang bildlich fest.

Kraftwerk Dürnrohr!

Letzter Blick ins Feuer: EVN-Vorstand Stefan Szyszkowitz und LH Mikl-Leitner

Bauern drohen mit Bierverbot

„Da Großkonzerne Malz aus dem Ausland importieren, kommt es zu hitzigen Polit-Debatten rund um die Kennzeichnung für Lebensmittel“, berichtet „Krone“-Redakteur Josef Poyer vom „Bauernkrieg gegen die Brauereien“. Der Präsident der NÖ- Landwirtschaftskammer Johannes Schmuckenschlager stellt eine klare Forderung: „Wer nicht ausschließlich österreichische Ausgangsprodukte für sein Bier verwendet, soll auch nicht Österreich oder ein Bundesland für seine Werbestrategie missbrauchen.“

„Krone“ nun mit eigenem Büro in St. Pölten

Redaktions-Eröffnung in Niederösterreich!

Mit der Eröffnung des Redaktionsbüros in St. Pölten rückt die „Kronen Zeitung“ seinen Lesern ein Stück näher. Und damit schlägt auch das Herz der Redaktion – sprich das gesamte Team – noch näher am Puls der Zeit.

Bürgermeister-Torte angeschnitten von Niemöller, Stadler, Mikl-Leitner, Lusetzky, „Krone“-Herausgeber Dichand, Valeskini und Herrmann (v. li.)

„2019 ist ein Festjahr! 60 Jahre ‚Kronen Zeitung‘ durften wir im Frühjahr feiern, es folgten tolle Erfolge bei der Media-Analyse, Rekorde für krone.at und unseren Social-Media-Kanal. Erfolge, die wir der Nähe zu unseren Lesern verdanken. Und denen rücken wir jetzt noch ein ganzes Stück näher“, so pointiert fasst der Geschäftsführende Chefredakteur Klaus Herrmann die „Krone“-Erfolgsgeschichte“ zusammen.

Als Moderatorin dankt Tierlady Maggie Entenfellner, selbst gebürtige St. Pöltnerin, der Betriebsratsvorsitzenden Veronika Wunderbaldinger, die das Projekt seit Langem mit Herzblut begleitet hat.

Sex-Streifen aus dem Mittelalter aufgespürt. Sensationsfund im Stift Melk: Ein unscheinbarer Streifen (Bild re.) im Einband eines theologischen Werkes entpuppt sich als älteste Version des Gedichtes „Rosendorn“. Expertin Christina Glaßner (Foto): „Ein offenherziger Umgang mit dem Thema Sexualität, der gar nicht zu den prüden Vorstellungen vom Mittelalter passt.“

Ein flottes Rennauto kehrt heim! In den 1920er-Jahren beherbergte Breitenfurt das attraktivste Sportzentrum samt Tribüne (Foto u.) Österreichs. Sogar ein Rennwagen, das Schasche-Cycle-Car, wurde hier gebaut. Nun wurde ein Exemplar des Oldtimers von Thomas Steigberger in Deutschland aufgespürt, das zurück nach Breitenfurt gerollt ist.

Bundesland IN KÜRZE

Für einen kuriosen Streit um „zu lautes Federvieh“ sorgt eine Nachbarschaftsfehde in Perchtoldsdorf. Da ein Hahn in einem nachbarlichen Garten des Weinbauortes zu laut kräht, geht ein Anrainer vor Gericht – und blitzt ab.

Wirbel um die „Sex-Vorwürfe“ einer SPÖ-Stadträtin in Retz, wonach ÖVP-Bürgermeister Koch die Hosen heruntergelassen haben soll. „Bei mir ist alles schwarz, sogar die Unterwäsche“, weist dieser die „Unterstellung“ zurück.

Egal ob bei Bränden, Unfällen oder Katastrophen – unsere Feuerwehr hilft!

„NÖ"-Krone und Landesfeuerwehrverband starten „Freiwilligen-Kampagne"

99.000 Florianis im Dienst

In langjähriger Verbundenheit startet die NÖ-Redaktion der „Krone" gemeinsam mit dem Landesfeuerwehrverband unter Kommandant Dietmar Fahrafellner eine Kampagne für den großen, freiwilligen Dienst an der guten Sache. Als Ansporn erhalten „Krone"-Leser einen exklusiven Einblick in die Floriani-Arbeit.

Den Anfang macht dabei der 20-jährige Förster Sebastian Jungbauer aus Litschau. Seine Beweggründe: „Ich bin mit Leib und Seele Waldviertler. Nach den kräftezehrenden Schneeeinsätzen im Winter hab' ich mir gedacht, jetzt ist der richtige Zeitpunkt, um der Feuerwehr beizutreten. Er besuchte mehrere Übungen der örtlichen Feuerwehr – und sagte Ja! Feuerwehrlandesrat Stephan Pernkopf begrüßte den Neuen als 99.000sten Floriani im Land: „Herzlich willkommen im Team. Wir brauchen immer Nachwuchs. Leute, die sich dem Dienst am Mitmenschen verschreiben."

In eine Sandbrühe verwandelt sich der Göstritzbach bei Schottwien nach einem massiven Wassereinbruch beim Bau des Semmeringbasistunnels. Auch wenn die Verunreinigung nicht toxikologisch ist, richtet sie gewaltigen Schaden an: Fischzüchter und Angler sind bestürzt. Wegen des schlechten Krisenmanagements fordert der ÖVP-Abgeordnete Hermann Hauer völlig zurecht: „Für derartige Fälle muss ein genaues Prozedere festgelegt werden!"

Turbulentes erstes Jahr für Doskozil ▸ Urnengang von Mai auf Jänner vorgezogen

Landeschef vor schwieriger

Segen von oben für zwei SPÖ-Granden im Burgenland: Hans-Peter Doskozil mit Vorgänger Hans Niessl und Bischof Ägidius Zsifkovics mit Erinnerungsfotos ihrer Papst-Besuche

Landeshauptmann Hans-Peter Doskozils erstes Jahr im Amt verläuft durchaus turbulent. Eine Stimmband-Operation im Herbst zwingt den roten Frontmann und harten Kritiker an der SPÖ-Politik im Bund zum Leisertreten, der erste Platz bei den vorgezogenen Wahlen Ende Jänner wackelt.

Der blaue Sündenfall mit dem „Ibiza-Video" sorgt auch im Burgenland – dem einzigen Bundesland mit einer SPÖ-FPÖ-Koalition – für die Verschiebung des Urnenganges nach vorne. Statt Ende Mai 2020 finden die Wahlen nun am 26. Jänner statt. Und der Kampf um Platz 1 verspricht spannend zu werden. Bei der Nationalratswahl im Oktober, wo freilich andere Gesetze gelten als für die Stimmabgabe

BURGENLAND

„Lotte" fieberhaft gesucht

Es ist wohl der Albtraum aller Hundebesitzer, den eine Reitstallbesitzerin aus Unterwart im Südburgenland erlebt. Ihre herzige Dackeldame „Lotte" wird in einem unbeobachteten Moment einfach mitgenommen. Als Tanja Gratzl nach 20 Minuten Abwesenheit zurückkommt, ist ihr Welsch-Terrier „Susi" alleine da. Bei der fieberhaften Suche setzt das Frauchen auf 500 Euro Finderlohn. Dann folgt die kuriose Aufklärung mit glücklichem Ende: Eine Esoterikerin, der die erst zwölf Wochen alte „Lotte" angeblich gesagt habe, dass sie hier wegwolle, bringt den Vierbeiner zurück. . .

Kampf um Platz 1

Wahl

in der pannonischen Tiefebene, liegen die Sozialdemokraten mit rund neun Prozent Abstand weit hinter der ÖVP. Auch ein Fingerzeig für 2020?

„Geht es nach Ex-Polizeidirektor Hans-Peter Doskozil, bleibt die Ordnung im Bundesland jedenfalls bestehen", analysiert „Krone"-Redakteurin Sabine Oberhauser die schwierige Ausgangslage. Rückenwind vom Bund ist ob der historisch schlechtesten Ergebnisse freilich nicht zu erwarten. Doskozil gilt auch als harter Kritiker am Zustand der SPÖ. „Die Situation in der Partei ist dramatisch. Kosmetische Eingriffe helfen sicher nicht", lässt er noch unmittelbar vor seiner Stimmband-Operation mitteilen.

Ob der Landeshauptmann künftig leiser treten wird, zeigt sich dann am nächsten Wahlabend. . .

Das neue Team des neuen Landeschefs. Mit Parteivorsitzender Pamela Rendi-Wagner (Bild links) gibt es nicht immer etwas zu lachen.

„Hochzeitsland" Burgenland: Das östlichste Bundesland ist bei der Wahl für künftige Brautpaare immer beliebter. Mehr und mehr Anbieter spezialisieren sich auf den Tag der Liebe als großes Event. Heiraten im Dorfwirtshaus um die Ecke war gestern, heute feiert man in Schlössern oder anderen exklusiven Locations.

5000 Euro für Opfer:

Prozess nach Alko-Unfall mit fünf Verletzten

Vor Gericht in Eisenstadt steht ein Alkolenker, der bei einer Weihnachtsfeier auf der Fahrt in eine Disco mit 1,3 Promille bei 120 km/h die Kontrolle über sein Auto verlor. Der voll besetzte Wagen prallte gegen mehrere Bäume. Alle fünf Insassen wurden bei dem Unfall verletzt. „Ein Opfer ist bis heute arbeitsunfähig. Der Mann ist auf einem Auge fast blind, bleibt schwerhörig und hat in seiner rechten Körperhälfte kein Gefühl mehr", so „Krone"-Redakteur Patrick Huber. Das Urteil: sieben Monate bedingt und 5000 Euro Schmerzensgeld an den Schwerstverletzten.

Taucher und Helfer an Land machen beim „Action Day“ am Neufelder See mit.

„Action Day“ auch mit Tauchern am Neufelder See

Kampf gegen Plastikplage

Der österreichweite „Action Day“ an einem ausgewählten Gewässer pro Bundesland im Kampf gegen die Plastikflut ist ein voller Erfolg. Auch im Burgenland beteiligen sich viele helfenden Hände an der großen Reinigungsaktion. Im Neufelder See sind sogar mehr als 100 Taucher bzw. Freiwillige an Land im Einsatz.

Jedes Jahr fallen in Österreich knapp eine Million Tonnen Kunststoffabfälle an – rund 28 Prozent davon werden auch wiederverwertet. Der überwiegende Teil sind Verpackungen, die Tendenz steigend. Ein großes Problem sind aber auch die unsichtbaren Mikroplastikteilchen in unseren Gewässern. Im Rahmen des sogenannten Kreislaufwirtschaftspakets will die EU die Zielquote für das Recycling erhöhen. Derzeit würden nur zehn der 28 Länder in der Union die Quote erreichen. An der Spitze steht demnach Deutschland, mit einer Recycling-Quote von 66 Prozent, Österreich liegt mit guten 58 Prozent an zweiter Stelle.

Zum 210. Todestag:

Eisenstadt wird zur „Haydnstadt“

Auf der ganzen Welt ist Salzburg untrennbar mit Wolfgang Amadeus Mozart verbunden. Und genau so soll es auch mit Eisenstadt und Joseph Haydn sein. Zum 210. Todestag startet das Land eine Offensive unter dem Direktor des Haydnkonservatoriums, Tibor Nemeth. Die „Haydnstrategie 2035“ hat das Ziel, eine Neuorientierung der Kulturpolitik unter Einbindung aller Organisationen, Institutionen und Experten mit breiter Beteiligung der Bundesländer zu erreichen. Auch eine im Burgenland einzigartige Joseph-Haydn-Privatuniversität sei laut Tibor Nemeth vorstellbar.

Bundesland IN KÜRZE

Zwei Tote bei Brand

Bei einem Wohnungsbrand in einem Mehrparteienhaus in Neufeld an der Leitha kommen zwei Männer ums Leben. Ursache des Feuerinfernos ist offenbar die defekte Lampe in einem Terrarium.

Irrer Katzenmörder

In einer Siedlung in Pamhagen geht die Angst vor einem irren Katzenmörder um. Der Tierquäler fügt den Stubentigern tiefe Schnittwunden zu. Kater „Willi“ überlebt nicht, Kater „Pepi“ wird vermisst.

Falsche Polizisten

Diese Betrugsmasche greift immer mehr um sich: Auch im Bezirk Neusiedl am See häufen sich Anrufe von falschen Polizisten, die behaupten, dass Angehöre in Unfälle verwickelt sind und Geld fordern.

Viel Sonne sorgt für süße Äpfel im Burgenland. Nach der Rekord-Ernte im Vorjahr wird für heuer allerdings eine geringere Menge erwartet. Die Qualität sei gut, die Apfelbauern haben laut eigenen Angaben aber noch immer mit zu niedrigen Preisen zu kämpfen. Das Wirtschafts-Embargo gegen Russland wirkt sich belastend aus. Rund 20 Kilo Äpfel isst der durchschnittliche heimische Konsument pro Jahr.

Schlag gegen die Drogenmafia: 3,8 Millionen Euro soll eine Suchtgift-Bande seit Herbst 2017 verdient haben. Burgenländischen Ermittlern gelingt es, das Netzwerk zu zerschlagen. 53 Verdächtige werden festgenommen, der Kopf der Bande ist erst 19. „Aufgeflogen sind die Machenschaften durch eine illegale Cannabiszucht in einem Weinkeller im nordburgenländischen Weiden am See", so „Krone"-Redakteur Christoph Miehl. Laut Landespolizeidirektor Martin Huber (im Bild ganz li.) werden vom Netzwerk in Ostösterreich 300 Kilo Cannabis, 20 Kilo Amphetamine, 5000 Stück Ecstasy sowie je ein Kilo Crystal Meth und Kokain verscherbelt.

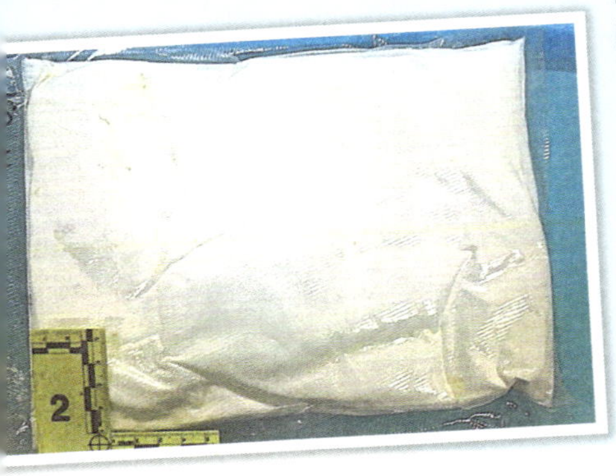

Motorrad-Tragödie

Tragisches Ende einer Bikertour: Ein Slowene schert mit seinem Motorrad auf der Bundesstraße bei Breitenbrunn aus und wird von einem Auto erfasst. Er und seine Beifahrerin sterben.

Treibstoff-Verbrauch

Durchschnittlich 695 Liter Sprit fließen jährlich in den Tank eines burgenländischen Autos. Das zeigt eine Analyse des Verkehrsclubs Österreich (VCÖ) – die Klimaziele sind in Gefahr.

Scheinfirma • Kassieren ohne Leistung

Reiniger stauben Kunden kräftig ab

Vorsicht, kriminelle Handwerker: Mit neuer Masche sind Gauner im steirisch-burgenländischen Grenzgebiet unterwegs. Per Scheinfirma bieten die Betrüger Dienste als Stein- und Fassadenreiniger an. Die Opfer zahlen brav, die Arbeiten werden aber nie erledigt. . .

Aufgefallen sind die dubiosen Handwerker im Bezirk Jennersdorf. Als erste tappt eine Pensionistin (77) aus dem benachbarten Burgau in der Steiermark in die Falle. Per Flugzettel war sie auf Steinböden- und Fassadenreinigungen aufmerksam geworden. Nach einem Telefonat taucht ein „Mitarbeiter" im Lieferwagen mit deutschem Kennzeichen bei der Kundin auf.

Danach kommen Kollegen, um den Auftrag – 170 Quadratmeter säubern – zu erledigen. Die Kundin zahlt im guten Glauben 5000 Euro in bar. „Die ‚Arbeiter' kassieren ab, kurz darauf sind sie weg", so „Krone"-Redakteur Karl Grammer. Ähnlich ergeht es einem weiteren Opfer. Der 78-Jährige soll gar 9000 Euro hinblättern, hat jedoch nur 5000 Euro. Die Betrüger nehmen das Geld an sich und verschwinden ohne Rechnung und ohne Leistung. Ermittlungen ergeben, dass die angegebene Firmenadresse in Graz gar nicht existiert.

Aufsteirern ist Riesenerfolg

Die 18. Auflage des Aufsteirern-Festivals bricht alle Rekorde. 150.000 Besucher stürmen an drei Tagen die Grazer Innenstadt – beim krönenden Abschluss am Sonntag sind es alleine 130.000! Die Steiermark zeigte sich wieder in all ihrer bunten Vielfalt. Viel Raum und Platz für Weiß und Grün – und doch alles, was dazwischen ist. Auch die „Steirerkrone" und Chefredakteur Oliver Pokorny (Bild Mitte) ist bei diesem Volkskulturfest natürlich mit dabei.

STEIERMARK

Die Luftakrobaten bei der Airpower locken auch Kinder in Scharen auf den steirischen Fliegerhorst Zeltweg.

Fortsetzung 2020? Umweltschützer-Kritik:

Airpower im Zeichen der Diskussion um Klimakrise

Die größte Flugshow des Landes in Zeltweg zieht trotz heißen Diskussionen über die Klimakrise erneut die Massen an. „Trotz Regenwetters strömen 185.000 Menschen zur Airpower", So Ministersprecher Oberst Michael Bauer. Doch war es das, oder gibt's auch nächstes Jahr eine Fortsetzung? Das ist die alles bestimmende Frage im Murtal. Landeshauptmann Schützenhöfer plädiert trotz Kosten von 3,6 Millionen Euro für den Erhalt. Eine Studie würde belegen, dass für ein Jahr 130 Jobs in der Steiermark gesichert seien. Argumente, die Umweltschützer nur mäßig beeindrucken: Immerhin wurden etwa im Jahr 2016 ca. 1000 Tonnen CO_2 ausgestoßen und 430.000 Liter Kerosin verbraucht (heuer war es durch das gekürzte Programm jeweils weniger).

Serien-Brandanschläge Iraker festgenommen

Hass auf Behörden als Motiv: Feuerteufel wütet in Graz

Großeinsatz der Einsatzkräfte in der steirischen Landeshauptstadt: Offenbar aus Hass auf die Behörden – seine drei Kinder waren zu Pflegefamilien gebracht worden – läuft in Graz ein 45-jähriger Iraker am helllichten Tag Amok und zündelt in Serie. Der mutmaßliche Täter wütet dabei eine knappe Stunde lang. „Krone"-Chef vom Dienst Jakob Traby: „Er legt im Bezirksgericht West, im Bürgermeisterbüro, in der Bezirkshauptmannschaft sowie im Bahnhofsgebäude Feuer, wo er zudem mit einem Rohr wahllos auf Passanten eingeschlagen haben soll." Es gibt zwei Verletzte, der Verdächtige wird festgenommen.

Serien-Brandanschläge: Feuerwehr vor dem Grazer Rathaus

Haben sich viel zu sagen: Landeshauptmann Hermann Schützenhöfer und sein SPÖ-„Reformpartner“ Michael Schickhofer

Harte Kritik von SPÖ an ÖVP • Aber Zeichen für weitere Reformpartnerschaft

Neuwahlen nach Polit-Poker

Nach einer hitzigen Debatte am Ende eines Polit-Pokers stimmen ÖVP, FPÖ und Grüne für eine Auflösung des steirischen Landtags und vorgezogene Neuwahlen. SPÖ und KPÖ sind dagegen. Statt Ende Mai ist der Urnengang nun am 24. November. Die Wahlkampfkosten werden auf eine Million Euro begrenzt.

Der Ton der SPÖ gegenüber der ÖVP wird schärfer. Landeshauptmann-Stellvertreter Michael Schickhofer spricht Landeshauptmann Hermann Schützenhöfer direkt und kritisch an: „Ich habe von meinen Eltern Werte gelernt: Verlässlichkeit, Ehrlichkeit und der Handschlag müssten zählen. Stabilität, Planungssicherheit und Wählerwille dürften nicht ignoriert werden. Jeder Einzelne im Landtag ist gewählt, um fünf Jahre zu arbeiten, um das Land vorwärtszubringen.“

Schützenhöfer antwortete nicht direkt und konterte mit einer Art Bilanz der Zusammenarbeit: „Ich glaube, dass die Reformpartnerschaft gute Arbeit geleistet hat. Die Steiermark steht gut da!“ Er hoffe, dass es eine vertrauensvolle Zusammenarbeit auch in der Zukunft geben wird. Tatsächlich deuten bei den vorgezogenen Neuwahlen die Zeichen weiterhin auf eine mögliche Koalition der erstarkten ÖVP mit den Roten.

Die Spanische Hofreitschule trauert um Neapolitano Nima I., den ältesten Lipizzanerhengst der Welt.

Kurz nach Geburtstag „friedlich eingeschlafen"

Lipizzaner wird 40 Jahre

Was für ein klingender Name: Neapolitano Nima I. im steirischen Gestüt Piber feiert im April seinen bereits 40. Geburtstag. Ein Rekord! Denn es handelt sich um den ältesten bei der LIF (Lipizzan International Foundation) registrierten Lipizzanerhengst der Welt. „Ein Jahrhunderthengst", würdigt ihn denn auch der renommierte Pferdeexperte Rudolf Kuzmick in seinem neuen Buch „Neapolitano Nima I. – der weiße Diamant". Im August herrscht dann allerdings große Trauer: Das Pferd stirbt. Laut der Spanischen Hofreitschule ist es „friedlich eingeschlafen".

Bub schwer krank · Therapie wirkt

Georgs Traum von einem Schnitzel

Georgs Geschichte berührt. Jahrelang kämpft die Familie des an einer seltenen Form von Muskelschwund erkrankten, mittlerweile 13-jährigen Steirers um die teure Behandlung. Nach einer wahren Spendenflut kann die Spritzentherapie endlich begonnen werden.

77.000 Euro kostet jede Injektion. Geld, das die mächtige steiermärkische Krankenanstaltengesellschaft KAGes nicht bezahlen will. Dank dem großen Herz vieler Spender können nun fünf Spritzen bezahlt werden. Und schon die beiden ersten zeigen große gesundheitliche Erfolge: Der Bub kann wieder selbstständig den Kopf heben, seine Sauerstoffsättigung liegt bei 99 Prozent. Und Georg (13) kann jetzt endlich auch feste Nahrung zu sich nehmen. „Seit acht Jahren will er ein Schnitzel essen. Jetzt wird sein Traum wahr", berichtet „Krone"-Redakteur Alexander Petritsch.

Zwei richtig starke Burschen sind nötig, um diesen Riesenpilz zu stemmen. Gefunden haben ihn Damian und John-Luca beim Schwammerlsuchen auf der Koralpe. Der kugelförmige Bovist (aus der Champignonfamilie) der Glückspilze bringt stolze 4,8 Kilo auf die Waage und hat einen Umfang von 125 Zentimetern.

Bundesland IN KÜRZE

Masern gehen um

Das Masern-Virus breitet sich im Land aus. Insgesamt 40 Erkrankungen werden registriert, in einigen Schulen müssen Dutzende ungeimpfte Kinder wochenlang zuhause bleiben.

Staatsverweigerer

Dieses Urteil geht wohl in die Justiz-Geschichte ein: Nach 28 Verhandlungstagen wird die Präsidentin des „Staatenbundes Österreich" wegen Hochverrats schuldig gesprochen.

Georgs Traum wird wahr: Ein Schnitzel mit der Mama (li.) und Karin Prusch, Familienanwältin

Panne bei Justizwache:

Ex-Häftling schafft Test

Wenn der Bock zum Gärtner wird: Ein verurteilter Schwerverbrecher war bei der Sicherheitsüberprüfung zur Justizschule durchgerutscht – nach der Ausbildung hätte der Ex-Häftling andere Häfenbrüder bewachen dürfen! Der Fall flog erst nach Wochen auf, als ein Bekannter das schwarze Schaf verpfiff. Rauswurf! Justizsprecherin Britta Tichy-Martin bestätigt den Fall im Gespräch mit „Krone"-Redakteurin Monika Krisper: „Wir werden für die Zukunft Lehren daraus ziehen und bei der Überprüfung nachschärfen."

Baustellen-Start | Erfolg für „Steirerkrone"

Todesstrecke B 320 wird jetzt entschärft

Endlich laufen die Baumaschinen! Nach jahrzehntelangem Politstreit, Verzögerungen und leeren Versprechungen geht im Ennstal jetzt etwas weiter. Der Umbau der berüchtigten Todesstrecke B 320 läuft auf Hochtouren. Ein Erfolg der „Steirerkrone".

Bei einem Lokalaugenschein mit Verkehrslandesrat Anton Lang auf der Baustelle kann sich „Steirerkrone"-Chef vom Dienst Gerald Schwaiger davon überzeugen, dass der Umbau des Knotens auf Hochtouren läuft.

14 Um- und Ausbauten entlang der gefährlichsten Strecke der Steiermark – knapp 90 Tote und 2000 Verletzte seit 2000 – sollen die Verkehrssicherheit verbessern. Das Großprojekt Knoten Trautenfels etwa um rund 11,6 Millionen Euro soll bis spätestens August 2021 fertiggestellt sein. Mit der Kampagne „Stoppt das Sterben auf der B 320" hatte die „Steirerkrone" endlich Bewegung in die im wahrsten Wortsinn verfahrene Situation gebracht. Selbst Landesrat Anton Lang muss beim Lokalaugenschein zugeben: „Ohne die ‚Krone' wäre all das nicht möglich gewesen!"

Landesrat Anton Lang inspiziert die B 320-Baustelle.

Drama bei Wallfahrt

Vom Pfarrhof der steirischen Gemeinde Eibiswald hängt die schwarze Fahne. Der örtliche Gottesmann Dr. Siegfried Gödl ist bei einer Pilgerwanderung bei Tarvis in Italien tödlich verunglückt.

Treue bis in den Tod

Als ein steirischer Jäger auf einer Pirsch den Herztod erleidet, wacht sein treuer Hund vier Tage lang neben seinem Herrl. Für den Vierbeiner gibt es ein glückliches Ende: Er findet neue Besitzer.

Mahnmal für Klimawandel · Kärntner Kunstprojekt sorgt weltweit für Aufsehen

Ein Wald im Fußballstadion...

Ein Mischwald mit 284 Bäumen im Klagenfurter Wörthersee-Stadion sorgt weltweit für Aufsehen. Selbst Hollywood-Star Leonardo DiCaprio outet sich als Fan des von der „Kärntnerkrone" mitbegleiteten Vision vom Schweizer Klaus Littmann. Auch die Besucher stürmen Österreichs größtes Kunstprojekt.

Wo sonst der grüne Stadionrasen zum Kicken einlädt, steht ab Herbst ein ganzer Wald. Die Installation soll als Mahnmal für den fortschreitenden Klimawandel verstanden werden. Und die vielbeachtete Vision des Berner Kunstvermittlers Klaus Littmann – er initiierte bereits 80 andere Projekte im In- und Ausland – sorgt für einen regelrechten Besucheransturm. Schon bis zur Halbzeit der „Ausstellung" im Klagenfurter Wörthersee-Stadion, die von September bis Ende Oktober läuft, haben mehr als 100.000 Menschen bei freiem Eintritt die 284 rund 14 Meter hohen Bäume (aus Italien, Belgien und Deutschland) bestaunt.

Auch die jungen Besucher reagieren extrem positiv, wie der Schweizer im Gespräch mit den „Krone"-Redakteurinnen Clara Milena Steiner und Irina Lino sichtlich stolz erklärt: „Sie gehen überall im Stadion herum, sehen sich alles unvoreingenommen an, wechseln die Perspektive, diskutieren und wollen mit mir sprechen. Das freut mich ganz besonders."

KÄRNTEN

Apostolischer Administrator: Militärbischof Werner Freistetter

Unbequemer Mahner · Weisung aus Rom

Nach Vatikan-Absetzung Aufruhr in der Kirche

Diese Vatikan-Weisung des apostolischen Nuntius führt in der Kärntner Kirchengemeinde zu heller Aufregung. Denn die Absetzung des beliebten Diözesan-Administrators Engelbert Guggenberger als unbequemen Mahner ist heftig umstritten. Der betroffene Geistliche wolle sich fügen, bleibe aber seinem Gewissen treu: „Die Gesamtperformance des 65. Gurker Bischofs hat der Kirche und dem Bischofsamt schweren Schaden zugefügt und die Glaubwürdigkeit der Kirche und ihrer Amtsträger nachhaltig beschädigt." Bischof Alois Schwarz, der nach St. Pölten berufen wurde, war ja wegen einiger Ungereimtheiten in die Kritik geraten. „Es gab eine kirchliche Visitation und die Justiz ermittelt", so „Krone"-Redakteur Christian Rosenzopf.

Reise nach Uganda verschwiegen · Anklage

Blutspende mit Malaria verseucht: Frau stirbt

Todesdrama durch Blutspende! Eine 86 Jahre alte Kärntnerin infiziert sich mit Malaria und stirbt. Die Spenderin hatte sich die Tropenkrankheit in Afrika eingefangen, die Reise aber verschwiegen.

Das betagte Opfer erhält nach einer Hüftoperation in einem Spital Blutkonserven, tagtägliche Routine in Österreich. Doch diesmal kommt es zum Drama: Die 86-jährige Patientin erkrankt an Malaria und stirbt. Ermittlungen ergeben, dass die Spenderin (58) in Uganda gewesen ist. Kurz bevor die Tropenkrankheit bei ihr ausbricht, spendet sie Blut. „Krone"-Redakteur Alexander Schwab: „Die Frau und ein Rotkreuz-Mitarbeiter werden wegen fahrlässiger bzw. grob fahrlässiger Tötung angeklagt."

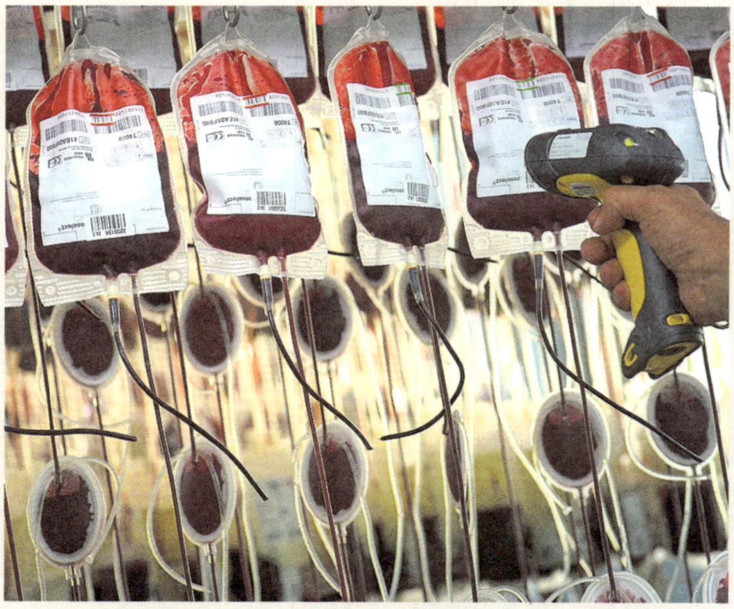

Blutkonserve mit Malaria verseucht – eine Kärntnerin stirbt

⌃ „Kärntnerkrone"-Chefredakteur Hannes Mösslacher, der Schweizer Kunstvermittler Klaus Littmann und „Krone"-Herausgeber Dr. Christoph Dichand freuen sich über die weltweit beachtete Installation im Kampf gegen den Klimawandel in Klagenfurt.

< Auch Hollywood-Star und Oscar-Preisträger Leonardo DiCaprio lobt das aufsehenerregende Kunstprojekt mit mehr als 280 Bäumen (Bild o.) im Wörthersee-Stadion.

Schulen sperren zu, Busse fahren nicht:

Masern-Epidemie legt das Land lahm

Die Masern haben den Süden Österreichs fest im Griff. Neben der Steiermark häufen sich auch in Kärnten die Krankheitsfälle dramatisch. Das löst eine Lawine von Maßnahmen aus: Busse fahren nicht, Schulen sperren zu, Sportbewerbe werden abgesagt.

Als ein Busfahrer der Stadtwerke Klagenfurt bei der Arbeit erkrankt, gibt er das Virus weiter: Zwei Fahrgäste bekommen den Ausschlag, ebenso eine Mitarbeiterin eines Supermarktes in Ferlach. Alle Busse wurden sofort gestoppt und desinfiziert, der Impfstatus jedes Lenkers wurde überprüft. Indessen bleibt der Buslinienverkehr in der Landeshauptstadt eingestellt. Aber auch Schulen und ein Nachwuchs-Eishockeyverein legen die Masern lahm.

Kinderarzt Dr. Rudolf Schmitzberger von der Österreichischen Ärztekammer warnt davor, die Gefahr zu unterschätzen, vor allem auch bei Erwachsenen: „Diese Erkrankung kann häufig schwer, manchmal sogar tödlich verlaufen." Er plädiert daher vehement für die Impfung als Risikovermeidung. Das löst landesweit eine kontrovers geführte Debatte aus.

Der Busverkehr in Klagenfurt wird durch Masernfälle lahmgelegt. Ärzte warnen davor: Masern sind keine harmlose Kinderkrankheit.

In Kärnten geht der Boden langsam aus – es wird immer mehr verbaut.

Kärnten im heimischen Spitzenfeld

3 Hektar pro Tag: Boden wird knapp

Eine Fläche von 20 Fußballfeldern wird in Österreich tagtäglich verbaut oder versiegelt. Kärnten liegt dabei im heimischen Spitzenfeld. Zwei bis drei Hektar an Fläche verlieren die Landwirte jeden Tag. Im Gespräch mit „Krone"-Redakteurin Elisabeth Nachbar fordert der Präsident des Ökosozialen Forums, Bernhard Rebernig, konkrete Maßnahmen im Raumordnungsgesetz. So sollen künftig etwa Einkaufszentren nur noch mehrgeschoßig gebaut werden, um Platz zu sparen, und der Bodenverbrauch soll auf maximal 0,5 Hektar pro Tag begrenzt werden.

Bundesland IN KÜRZE

Mobbingopfer ist Täter

Spektakulär endet ein Mobbingprozess in Kärnten. „Das angebliche Opfer, das eine 14-Jährige sogar drei Monate in U-Haft bringt, hat gelogen", so „Krone"-Redakteur Alexander Schwab.

Mutter erschlagen

Nach einem Streit in einem Wohnhaus in Ebenthal erschlägt ein 21-jähriger Sohn seine Mutter (52) mit einem Schemel. Er wird zu 17 Jahren Haft verurteilt.

Er ist Vater des ungeborenen Kindes

Schwangere getötet: Schiedsrichter in Haft

Furchtbarer Verdacht gegen einen Fußball-Schiedsrichter im Bezirk Villach: Nachdem eine dreifache Mutter in der Badewanne ermordet aufgefunden wird, kommt der Verdächtige – er ist auch der Vater ihres ungeborenen Kindes – in U-Haft.

Die 31-jährige Kärntnerin liegt erschlagen im Badezimmer ihrer Wohnung in einem Mehrparteienhaus in Feffernitz. „Krone"-Redakteurin Kerstin Wassermann: „Mit der jungen Frau stirbt auch ihr Baby, das in zwei Wochen zur Welt kommen sollte, im Mutterleib."

Nach Ermittlungen der Mordkommission wird ein Fußball-Schiedsrichter als dringend tatverdächtig ausgeforscht und kommt in Untersuchungshaft. Der verheiratete Mann hatte ein Verhältnis mit dem Opfer und ist laut DNA-Analyse auch der Vater des ungeborenen Kindes. Er streitet vorerst alles ab.

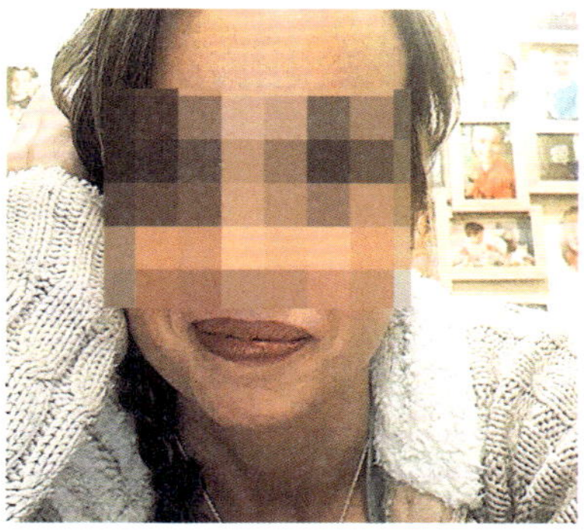

Die 31-jährige dreifache Mutter wird erschlagen in ihrer Badewanne gefunden. In U-Haft sitzt ein Schiedsrichter, der Vater ihres ungeborenen Kindes.

Sportliche Schlagzeilen schreiben zwei Kärntner Traditionsklubs auch über die Landesgrenzen hinaus. Der Klagenfurter Eishockey-Verein KAC setzt sich in einem packenden Finale gegen die Capitals aus Wien durch und holt den Meisterpokal. Währenddessen sorgen die „Euro-Fighter" des WAC aus Wolfsberg im schönen Lavanttal beim Fußball für eine Sensation. In ihrem ersten Auswärtsspiel gegen den haushohen deutschen Favoriten Mönchengladbach gewinnen die Kärntner Kicker 4:0. Und daheim gegen die italienischen Stars von Roma gibt es ein 1:1.

„Hexen" angeklagt

Mordanklage gegen „Hexen": Dem Frauen-Trio droht lebenslängliche Haft und Einweisung. Die Hauptverdächtige und ihre Komplizinnen sollen für den Tod einer Villacher Pensionistin (72) verantwortlich sein.

Schlange auf Straße

Schlangenalarm zwischen Griffen und Völkermarkt: Ein Polizist, der mit seinem Fahrrad vom Nachtdienst nach Hause fährt, rettet eine auf der Straße ausgesetzte Königspython.

Hochalpine Notlage

Spektakulärer Alpin-Einsatz: Ein 50-jähriger Kärntner wird nach seinem 50-Meter-Absturz auf der Noespitze von Bergrettern aus tief winterlichen Verhältnissen auf 3000 Metern Seehöhe geborgen.

OBERÖSTERREICH

Entsetzliche Tragödie vor dem Elternhaus in Oberösterreich

Furchtbarer Unfall: Postauto überrollt kleines Mädchen

Was für eine Tragödie! Ein 19 Monate altes Mädchen wird bei einem furchtbaren Unfall vor seinem Elternhaus im oberösterreichischen Innviertel getötet. Ein Briefzusteller übersieht mit seinem Postauto das Kind – für die Kleine kommt jede Hilfe zu spät.

Nachdem der Mann die Post im Briefkasten der Familie abgeliefert hat, geht er zurück zu seinem Auto. Beim Rückwärtsfahren kommt es zu dem schockierenden Drama. „Der 27-Jährige übersieht die kleine Helena hinter dem Fahrzeug", so die „Krone"-Redakteure Christoph Gantner und Jürgen Pachner. Das 19 Monate alte Mädchen wird vom linken Hinterreifen des tonnenschweren Postautos überrollt. Es erleidet so schwere Kopfverletzungen, dass alarmierte Notärzte nichts mehr tun können. Die geschockten Eltern werden psychologisch betreut.

Schüler neun Tage auf Intensivstation:

Pitbull-Mischling beißt Bub ins Koma

Dramatische Hunde-Attacke in einem Waldstück im oberösterreichischen Ottensheim im Bezirk Urfahr-Umgebung: Ein Pitbull-Mischlingshund attackiert einen zwölfjährigen Buben und beißt ihn ins Koma. Angreifer „Tyson", der schon einmal zugeschnappt hat, wird daraufhin eingeschläfert.

Ein 21-jähriger Hundehalter ist mit seinem fünf Jahre alten Pitbull-Mischling zu Besuch bei einer Freundin. Der Vierbeiner spielt zunächst mit dem Hund der Frau im Garten des Hauses. In einem unbeaufsichtigten Augenblick laufen beide Vierbeiner durch das Gartentor in ein angrenzendes Waldstück. Dort treffen sie auf einen zwölfjährigen Buben und eine Neunjährige, die mit einem Hund spazieren gehen. Während sich das Mädchen nach Hause rettet, wird der Schüler von „Tyson" angefallen – Lukas liegt neun Tage auf der Intensivstation.

Missbrauch: Arzt in Haft

Skandal um einen oberösterreichischen Arzt: Der Mediziner soll bis zu 100 minderjährige Buben sexuell missbraucht haben. Er sitzt in Untersuchungshaft. Seine Behauptung, dass es sich um „Behandlungen" gehandelt habe, wird durch ein Gutachten des Landesgerichts Wels widerlegt.

Pitbull-Mischling (Symbolbild) attackiert einen Zwölfjährigen

Ort des Dramas, ein Haus im oberösterreichischen Innviertel. Auf dem Hof wird die kleine Helena von einem Postauto überrollt und getötet. Der Fahrer übersieht das Mädchen.

Posse auf Straßenbaustelle beschäftigt Land · Kritik an Billigsttransporten

Polit-Aufreger: Granit aus China

Granit aus China auf einer Straßenbaustelle des Landes im Granitland Mühlviertel – dieser Aufreger bewegt auch Politiker. FPÖ-Infrastrukturlandesrat Günther Steinkellner sieht im Vergaberecht keinen Spielraum, will aber bei den umweltbelastenden Schiffstransporten ansetzen.

44 Tonnen Leistensteine aus chinesischem Granit werden beim B38-Ausbau in Grünbach verbaut, hat die „Krone" aufgedeckt. Auch 25 Tonnen Kleinsteine aus tschechischem Granit werden verpflastert, hat das Land noch ergänzt.

Die Natursteinbranche in Oberösterreich, die schon seit Jahren mit der Fernost-Konkurrenz zu kämpfen hat, hat offenbar schon resigniert, es sei denn, sie konnte spezielle Nischen finden. Oder sie handelt selbst auch mit den Billigsteinen. Ein Auswuchs der Globalisierung.

Auch Grünen-Klubchef Gottfried Hirz übt im Gespräch mit „Krone"-Redakteur Werner Pöchinger Kritik: „Unser Ziel muss es sein, heimischen Baumaterialien Vorrang zu geben, statt sie aus der halben Welt heranzukarren. Das würde der heimischen Wirtschaft gut tun und hier Arbeitsplätze sichern."

Umweltbelastender Transport: Steine aus China auf einer Baustelle im Granitland Mühlviertel

Kind nach Aussteigen von Auto erfasst

Tiefe Trauer nach Schulbus-Drama

Die Bestürzung über den grausamen Tod der erst zehn Jahre alten Sophie aus Feldkirchen bei Mattighofen in Oberösterreich ist riesengroß. Das Mädchen wird beim Aussteigen aus dem Schulbus vom Wagen eines 76-Jährigen erfasst und 33 Meter weit weggeschleudert.

Trauer auch in der Schule: Zeichnungen und eine Kerze am leeren Platz erinnern an Sophie.

Er habe sich auf den Schulbus konzentriert und plötzlich sei das Mädchen vor ihm gestanden. Das gibt jener Autolenker – ein Pensionist aus der Gegend –, der die kleine Sophie mit seinem Seat tödlich überfahren hat, bei seiner Vernehmung zu Protokoll. Laut Polizei fuhr er nicht zu schnell.

Doch wie sieht die rechtliche Lage aus? ÖAMTC-Verkehrspsychologin Marion Seidenberger erklärt: Vorbeifahren verboten. An Schulbussen, die mit einer Schulbuswarntafel gekennzeichnet sind, darf nicht vorbeigefahren werden – egal ob mit Rad, Motorrad, Pkw, Bus oder Lkw. Man muss jederzeit damit rechnen, dass jemand ein- oder aussteigt oder die Straße quert.

„Traue keinem Schwarzen“: FPÖ-Landesrat tritt zurück

Aufregung um den oberösterreichischen FPÖ-Sicherheitslandesrat Elmar Podgorschek. Nach einer auf Video festgehaltenen Rede bei der rechtsradikalen AFD im deutschen Thürigen gerät der freiheitliche Politiker ins Kreuzfeuer der Kritik. Podgorschek spricht von der „Neutralisierung des ORF“, bezeichnet die heimische Justiz „als völlig linksgepolt“ und warnt vor der ÖVP: „Traue keinem Schwarzen.“ Wie „Krone“-Redaktionsleiter Christian Kitzmüller analysiert, sorgt dieser Auftritt für einen jähen Karriereknick bei dem 61-Jährigen. Er muss zurücktreten, damit Schwarz-Blau im Land bleibt.

ÖVP-Landeshauptmann Thomas Stelzer, FPÖ-Landeschef Manfred Haimbuchner und Landesrat Podgorschek (v. li.)

Bundesland IN KÜRZE

Überfall auf Geldtransporter in Linz

Überfall auf zwei Geldboten mitten in Linz: Die beiden Angestellten der Post wollten Mittwochfrüh einen Bankomaten bei einem Nachtclub in der Innenstadt befüllen. Dabei lauerten ihnen zwei bewaffnete Täter auf – die Geldboten wurden kurz verschleppt, dann flüchteten die Maskierten mit der Beute.

Mordalarm nach Massenschlägerei:

Familienfehde in Shisha Bar: 1 Toter

⊙ In dieser Shisha Bar in Regau gehen zehn Männer aus zwei Clans aufeinander los. Ein zweifacher Familienvater wird erstochen. ⊙

Vor vier Jahren hatte Visar N. (29) eine Auseinandersetzung mit der mazedonischen Baumafia gerade noch so überlebt. In einer Shisha Bar im oberösterreichischen Regau endet nun der lange Streit zweier Familienclans tödlich für ihn! Der zweifache Familienvater stirbt bei der Massenprügelei.

Zehn Personen – jeweils fünf der Familie N. und fünf eines anderen Clans, allesamt Mazedonier im Alter von 18 bis 34 Jahren – sind an der Schlägerei bei den „Balkan Nights" in einer Shisha Bar in Regau beteiligt. Videos zeigen, wie brutal die Kontrahenten aufeinander losgehen. Mehrere Messer sind im Spiel, insgesamt drei Opfer werden durch Klingen verletzt. Bei Visar N. sind die Stichwunden letztlich tödlich, er stirbt im Krankenhaus.

„Neun Beteiligte gelten als Beschuldigte und wurden festgenommen, vier sind bereits in die Justizanstalt überstellt," bestätigt Christian Hubmer von der Welser Staatsanwaltschaft „Krone"-Redakteur Markus Schütz.

Die Amokfahrt des Afghanen im Fahrschulprüfungs-Auto

Zuerst Fahrschul-Wahnsinn – dann Amoklauf mit Messer

Unglaubliche Szenen bei einer Führerscheinprüfung im oberösterreichischen Freistadt: Ein Afghane (33), der schon dreimal durchgefallen ist, will an seinem vierten Prüfungstermin allen zeigen, wie gut er Autofahren kann – und rast wie wild über den Übungsparkplatz. „Krone"-Redakteurin Lisa Stockhammer: „Die Wahnsinnsfahrt dauert 15 Minuten, Bremsen und Reifen sind kaputt." Nur wenige Wochen später läuft der selbe Flüchtling in einer Asylunterkunft Amok. Er verletzt einen Betreuer mit einem Messer lebensgefährlich – und ersticht dann auf der Flucht einen Bauern, dessen Auto er auch noch raubt.

Granate in Acker

Bei der „Schatzsuche" mit einem Metalldetektor entdeckte ein 16-Jähriger in Gallneukirchen im Acker eine Granate. Sie wird von Experten des Entminungsdienstes gesprengt.

Diebin zieht sich aus

Ungewöhnlicher Einsatz für die Linzer Polizei: Eine vermeintliche Ladendiebin aus Weißrussland zieht sich unter Drogeneinfluss im Bereich der Vinothek plötzlich aus und schreit herum.

Ex-Miss vor Gericht

Seit gut einem Jahr darf sich Daniela Zivkovic (21) nicht mehr Miss Austria nennen. Vor dem Linzer Landesgericht fordert sie von der Miss Austria Corporation 46.000 Euro.

Nashorn-Baby

Über süßen Nachwuchs der bedrohten Breitmaulnashörner freut sich der Zoo Schmiding in Krenglbach. Nashorndame Nina bringt einen gesunden kleinen Bullen zur Welt.

Spektakulärer Überfall in Salzburg ▸ Täter legen Feuer in Villa und schießen:

Juwelier-Familie als Geisel

Die bekannte Salzburger Juweliersfamilie Nadler in Todesangst! Räuber dringen in die Villa ein, nehmen das Ehepaar, seine Kinder und ein Au-pair-Mädchen als Geisel. Die Juniorchefin muss Schmuck und Uhren aus dem Geschäft in der Altstadt holen.

Der Albtraum beginnt um 10:30 Uhr. Drei mit Sturmhauben maskierte Täter schlagen den 41-jährigen Ehemann der Juwelierin nieder und drohen mit Schusswaffen. „Krone"-Redakteur Antonio Lovric: „Während Annalisa Nadler gezwungen wird, Schmuck und teure Uhren aus dem Geschäft zu holen, verschleppen zwei Räuber ihren Mann im Familienauto, sperren ihn in Mafia-Manier im Kofferraum ein." Auch die Kinder und das Au-pair-Mädchen müssen einsteigen. Vor ihrer Flucht legen die Täter noch an mehreren Stellen in der Villa Feuer.

Doch ihr Raubplan scheitert: Denn mit der schweren Luxuslimousine bleiben die Verbrecher auf einem Waldweg stecken. Ein zufällig vorbeikommendes Paar wird mit der Pistole bedroht, Warnschüsse fallen. Dann verschwinden die Schwerverbrecher in den Wald; ihre Geiseln lassen sie zurück.

Rauch steigt über der Familienvilla in Salzburg auf. Die Feuerwehr muss gleich mehrere gelegte Brände in dem Domizil löschen.

Schwerbewaffnete Polizisten nach der Alarmierung vor dem noblen Juweliergeschäft in der Altstadt.

Mit diesem Auto bleiben die Räuber auf dem Waldweg stecken. Ihre Geiseln lassen die Täter dann zurück.

Schlagfertig gibt sich der österreichische Weltklasse-Schlagzeuger Martin Grubinger als neuer Kolumnist der „Krone" auch im Gespräch mit Salzburg-Chefredakteur Claus Pándi. In seinen Texten versteht es der Multi-Perkussonist seine Liebe zur Musik mit aktuellen Tagesthemen zu verbinden. Auch Auseinandersetzungen mit der Politik scheut Grubinger nicht. „Getreu dem „Krone"-Motto Mut, Haltung und Unabhängigkeit. Das konstruktive Zusammenleben in einer Gesellschaft wird aber am besten dadurch gewährleistet, dass man die Perspektive des anderen respektiert oder zumindest für möglich hält", bringt es Chefredakteur Claus Pándi auf den Punkt.

Staatsgast aus Kuwait fliegt zur Behandlung nach Salzburg

Emir als VIP-Patient im Spital

⊲ Abgeschirmt von Leibwächtern landet der Emir von Kuwait mit seinem Staats-Airbus in Salzburg. ⊳

Sonderstatus für diesen VIP-Patienten im Salzburger Landeskrankenhaus: Sabah al-Ahmad al-Dschabir as-Sabah, der 89-jährige Emir von Kuwait, lässt sich laut Insidern von unseren Ärzten gesundheitlich durchchecken.

Mit dem kuwaitischen Staats-Airbus landet einer der reichsten Männer der Welt auf dem Salzburger Flughafen. In einer Wagenkolonne von Mercedes-Luxuslimousinen samt Leibwächtern fährt der Konvoi dann zum Hotel Sacher. Die Österreich-Reise in die Mozartstadt hat diesmal mit dem Weltruf unserer heimischen Spitzenmediziner zu tun. Denn der Emir des ölreichen arabischen Emirates lässt sich als Promi-Patient in den Spitalsabteilungen Orthopädie und Traumatologie sowie Innere Medizin ärztlich gründlich untersuchen. Bei dem Gesundheitscheck wird unter anderem auch das Herz des 89-Jährigen angeschaut.

Kuriose Geschichte um echte und verhinderte Eheschließung von Salzburgerin:

Die Braut, die sich zu oft traut

Die 29-Jährige macht österreichweit Schlagzeilen: Ihr Bräutigam, ein illegal eingereister und bereits abgeschobener Gambier (32), wird Anfang April vor der Trauung im Schloss Mirabell festgenommen. Später kommt auf, dass die Salzburgerin eigentlich mit einem Nigerianer (26) verheiratet war, dem Vater ihrer beiden Kinder.

Die Salzburgerin bei der ersten Eheschließung in Nigeria – ihr Versuch der Annullierung scheitert.

Jedenfalls hatte sie ihrem Mann schon 2016 in Nigeria das Ja-Wort gegeben. Ein signiertes Ehe-Zertifikat liegt der „Krone" vor. Und Fotos, die die Salzburgerin im weißen Hochzeitskleid sichtlich glücklich und mit einem Brautstrauß in der Hand zeigen.

Offenbar wusste sie aber nicht, dass sie geheiratet hatte, wie in einer Entscheidung des Landesverwaltungsgerichtes zu lesen ist: Die 29-Jährige legt gegen die „Mitteilung" des Standesamtes, wonach die Ehe im Personenstandsregister eingetragen wurde, Beschwerde ein. Sie fordert eine Annullierung. Für sie sei es lediglich eine „kulturelle Zeremonie" gewesen.

Doch das Salzburger Gericht wischt den Fall vom Tisch: Gegen „bloße Mitteilungen" könne keine Beschwerde eingereicht werden.

Dackel-Dame als Ersatzmutti

Diese Geschichte bewegt: Dackel-Dame „Frida" kümmert sich auf dem Salzburger Erlebnisbauernhof Grödig als eine Art Ersatzmutter liebevoll um das verstoßene Baby-Kalb „Malou". Kuscheln steht auf der Tagesordnung. Das süße, eineinhalb Wochen alte Jungtier wird auf dem Hof jetzt liebevoll mit dem Flascherl aufgezogen. Es entstammt der seltenen Rasse der Dahomey-Rinder. Bei der Familie Gfrerer sind rund 200 Tiere – Schafe, Ziegen, Minischweine, Alpakas – zu Hause.

Mit dieser umgebauten Schreckschusspistole feuert der damals erst 17-jährige Hauptangeklagte vor der Wohnung viermal auf die junge Frau. Für sie kommt jede Hilfe zu spät. Das Motiv bleibt bis zum Prozess trotz aller Ermittlungen im Dunkeln.

Junge Frau vor Wohnungstür erschossen

Mordanklage für Jugendlichen (17)

Diese Bluttat erschütterte ganz Österreich: Die bildhübsche Verkäuferin Irene P. (20) wird im Stiegenhaus vor ihrer Wohnung in Zell am See mit vier Schüssen getötet. Der mutmaßliche Schütze ist erst 17 Jahre alt. Angestiftet haben soll ihn sein bester Freund (damals 18).

In der Pinzgauer Bezirksstadt ist die unfassbare Tat noch immer Gesprächsthema. Fast alle Einheimischen kennen mittlerweile das Haus in der Einöd-Siedlung, in dem im Oktober 2018 vier Schüsse fielen. Irene P. verblutete noch am Tatort. Der mutmaßliche Todesschütze wird zudem wegen gefährlicher Drohung und Vergehen gegen das Waffengesetz angeklagt. Er hatte eine Luger-Schreckschusspistole zur Tatwaffe umgebaut, die er bei der Festnahme an seinem Arbeitsplatz bei sich trug.

Für Jugendliche und junge Erwachsene gilt ein verminderter Strafrahmen, sodass dem Hauptangeklagten maximal zehn Jahre Haft und dem zweiten Verdächtigen im Prozess maximal 15 Jahre Gefängnis drohen.

Die bildhübsche Verkäuferin Irene P. (20) verblutet im Stiegenhaus. Bei der Suche nach der Tatwaffe waren auch Taucher im Einsatz.

Bundesland IN KÜRZE

Zu wenige Polizisten

Nirgendwo in Österreich fehlt so viel Polizei wie in Salzburg. In der Mozartstadt gab es etwa 2005 noch 593 Uniformierte, 14 Jahre später sind es nur mehr 399 Polizisten, die für Sicherheit sorgen.

Todesschüsse im Café

Blutige Abrechnung im Gastgarten eines Kaffeehauses in Salzburg: Von mehreren Schüssen werden ein gebürtigen Bosnier und sein Sohn (24) getroffen. Der 46-Jährige stirbt, die Polizei verhaftet später einen Albaner.

Massaker fordert

TIROL

- Aus Eifersucht löscht 25-Jähriger Familie in Tiroler Nobelort aus
- Mit Pistole die „Ex“, deren Eltern und Bruder sowie Rivale getötet
- Mitarbeiter (25) von Baufirma legt nach dem Blutbad Geständnis ab
- Schock nach Wahnsinnstat in weltbekannter Gamsstadt sitzt tief

Nebel über Kitzbühel, die Trauerfahne hängt vorm Rathaus

Zu Hause erschossen: Bruder Kevin H. (23) und Nadines Eltern Andrea und Rupert H.

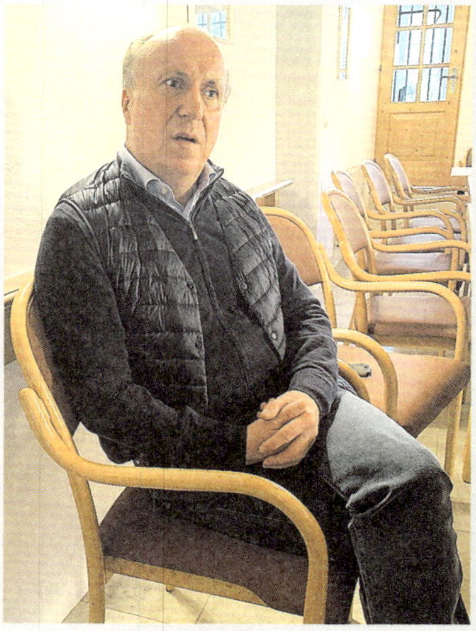

Pfarrer Michael Struzynski

Geistlicher hat Opfer und Täter getauft

Pfarrer: „Andreas, warum hast du das gemacht?“

Seit 26 Jahren ist Michael Struzynski Pfarrer in Kitzbühel. Doch die kleinen Sorgen seiner Schäfchen sind dem Ausnahmezustand gewichen. „Ich habe beide, Nadine und ihren Exfreund Andreas getauft und gefirmt. Die Familie kenne ich gut“, so der Geistliche im „Gespräch“ mit dem „Reporterduo“ Martina Prewein und Alexander Bischofberger-Mahr.

Während des Interviews klingelt ständig das Telefon des Pfarrers – am Apparat tief betroffene Kitzbüheler, die nicht fassen können, dass einer von ihnen fünf Menschenleben auf dem Gewissen hat. Der Pfarrer will Andreas im Gefängnis fragen: „Warum hast du das gemacht?“

fünf Tote in Kitzbühel!

In den frühen Morgenstunden des 6. Oktober verübt ein 25-jähriger Kitzbüheler nur zwei Kilometer vom Zentrum seiner Heimatgemeinde entfernt ein Blutbad, das Schock, Verzweiflung und Fassungslosigkeit auslöst. Andreas E. (für ihn gilt die Unschuldsvermutung) dringt gegen vier Uhr am Walsenbachweg in das Einfamilienhaus ein, in dem seine Ex-Freundin Nadine (19) bei ihren Eltern wohnt. Noch wenige Stunden zuvor hatte er sie mit ihrem neuen Freund Florian im „Londoner“ getroffen. Es kam zu einem kurzen Streitgespräch . . .

Doch jetzt, nachdem er zuvor schon einmal vom Vater abgewiesen worden war, kehrte er zurück – bewaffnet! Mit der Pistole seines Bruders dürfte Andreas wie ein Racheengel durch das Haus geschritten sein: Zuerst tötete er offenbar Nadines Papa Rupert H. (59), dann ihren Bruder Kevin H. und schließlich auch Mutter Andrea H. (51).

Danach kletterte er auf den versperrten Balkon der Einlieger-Wohnung, schlug ein Fenster ein und richtete Nadine sowie ihren neuen Freund Florian J. eiskalt hin. „Niemand hier in Kitzbühel kann sich an ein derartiges Massaker erinnern“, ist sich das „Krone“-Reporterteam Andreas Moser, Hubert Rauth, Jasmin Steiner und Markus Gassler einig.

Schließlich taucht Andreas E. bei der Polizei auf. Er legt eine Pistole auf den Tresen in der Kitzbüheler Inspektion und sagt: „Ich habe gerade fünf Menschen getötet!“ Völlig nüchtern legt er ein Geständnis ab. Mutmaßliches Motiv: Rasende Eifersucht!

Ⓐ Der mutmaßliche Fünffachmörder war rasend eifersüchtig, da ihn seine langjährige Freundin Nadine (19) verlassen hatte. Er tötete Ⓒ sie und ihren neuen Freund, den 24-jährigen Eishockey-Tormann Florian J., Ⓑ mit der Pistole seines Bruders. Nach dem Blutbad stellte sich Andreas E. bei der Polizei und gestand.

Foto: GEPA pictures/ Hans Osterauer

Festspiele in Erl ohne Kuhn

„Mit den großen Selbstinszenierungen des künstlerischen Leiters der Festspiele Erl ist es wohl vorbei!" Davon geht „Krone"-Redakteurin Moni Brüggeler in ihrer Berichterstattung über die Turbulenzen rund um Gustav Kuhn (Foto) aus. Denn nachdem die Mezzosopranistin Julia Oesch gegen Kuhn schwere Vorwürfe erhoben hatte – „Er hat Rollen gegen sexuelle Leistungen angeboten" –, wurde die Gleichbehandlungskommission eingesetzt. Und deren Prüfungsergebnis schlug wie ein Blitz ein, da die sexuellen Übergriffe bei den Tiroler Festspielen bestätigt wurden. „Das Ergebnis – es gilt die Unschuldsvermutung – ist erschütternd und irritierend zugleich", so Landesrätin Beate Palfrader.

Platter: „Ein Verdienst unserer Wirtschaft"

Tirol weist niedrigste Arbeitslosigkeit auf

Tirol bleibt, was die niedrigste Arbeitslosigkeit in Österreich betrifft, weiterhin die Nummer eins im bundesweiten Vergleich. So etwa beträgt die Arbeitslosenrate im September nur 3,7%. Wien als Schlusslicht weist eine Rate von 11,1% auf.

In absoluten Zahlen bedeutet dies, dass beispielsweise im September 13.285 Menschen in Tirol ohne Job sind. Das sind sogar um 815 Personen weniger als im Vorjahr. Dem stehen 342.000 Beschäftigte gegenüber. Das sind um 3000 Leute mehr.

Landeshauptmann Günther Platter zeigt sich erfreut über diese durchaus positiven Zahlen und betont: „Das ist ein Verdienst unserer Tiroler Wirtschaft und bestätigt den Weg unserer erfolgreichen Arbeitspolitik." Gleichzeitig warnt der ÖVP-Politiker aber auch: „Insbesondere die wirtschaftliche Entwicklung in Deutschland mahnt uns zur Wachsamkeit, dass sich das irgendwann auch auf Österreich und den Tiroler Arbeitsmarkt niederschlägt."

Besonders positiv ist die Entwicklung der Zahlen in den Bezirken Schwaz (–16%), Innsbruck-Stadt (–10,6%) und Lienz (–8,1%). Erfreulich: Von den länger als ein Jahr Arbeitslosen konnten 137 (15,7%) einen Job finden.

Gassler Glasklar

MARKUS GASSLER

Dilemma mit der Flüchtlingsbetreuung: Der schwere Fehler von Schwarz-Grün!

Seit die „Krone" am ersten September ein Geheimpapier über die Situation in den Tiroler Flüchtlingsheimen veröffentlicht hat, ist Feuer am Dach. Und auch wenn nun die Verantwortlichen versuchen, zu beschwichtigen steht eines fest: Es besteht dringender Handlungsbedarf!

Dabei hätte es eigentlich gar nie so weit kommen müssen. Aber es war 2014 der politische Wille von ÖVP und Grünen die Flüchtlingsbetreuung in eine GmbH auszulagern. Bis zu diesem Zeitpunkt waren die Asylheime nämlich direkt dem Land unterstellt. Und das hat gar nicht so schlecht funktioniert. Ganz im Gegenteil, wie ein Blick in die Vergangenheit zeigt.

Werfen wir einen Blick zurück! Sagen wir zehn Jahre. Vor zehn Jahren hießen die Tiroler Sozialen Dienste (TSD) noch Flüchtlingskoordination und waren eine Abteilung im Sozialressort im Landhaus. Regierungsverantwortlich waren die Roten. 1500 Asylwerber wurden zu dieser Zeit betreut. Und das Budget dafür umfasste 11 Millionen Euro pro Jahr! Inklusive Deutschkurse in den Heimen, inklusive Integrationshilfe, inklusive Sicherheitskonzept (das allein kostet mittlerweile 4,5 Millionen Euro pro Jahr).

Und heute? Heute sind die Tiroler Sozialen Dienste, eine 100-Prozent-Tochter des Landes (wie auch Tiwag und Hypo), für die Aufgabe zuständig. Die Grünen geben den Ton an. Betreut werden heute um die 2000 Personen. Budget: 60 Millionen Euro pro Jahr.

Diese Zahlen muss man sich auf der Zunge zergehen lassen: 11 Millionen Euro für 1500 Betreute versus 60 Millionen Euro für 2000 Betreute. Wo das Geld hinfließt? Keine Ahnung! Zu den Menschen – Betreuer und Betreute – jedenfalls nicht.

Fazit: Es war ein schwerer Fehler der schwarz-grünen Landesregierung, das Asylwesen auszulagern. Zumal Experten ausdrücklich davor gewarnt hatten. Doch die Politik hat nicht darauf gehört. Auslöffeln muss die Suppe nun der Steuerzahler! Wie halt immer, wenn die Politik einen Fehler macht! Aber: Es ist nie zu spät, einen Fehler zuzugeben und zu korrigieren. Da könnten unsere Politiker wirkliche Größe zeigen!

Foto: Daniel Liebl

Seit der Gründung der Tiroler Sozialen Dienste läuft es unrund

Überglücklich präsentiert Österreichs Tennisstar Dominic Thiem die Kitzbüheler Gams. Nachdem er bereits vor fünf Jahren im Finale gestanden war, aber gegen den Belgier David Goffin verloren hatte, jubelt der 25-Jährige über seinen ersten großen Turniersieg in der Heimat.

Neuer Name: WSG Swarovski Tirol

Wattens stürmt in die Bundesliga!

Am 1. Juni ist es fix: Der Aufsteiger aus der 2. Fußballliga heißt WSG (Werksportgemeinschaft) Wattens! Die Tiroler spielen in der kommenden Saison erstklassig. Die Wattener schaffen mit einem 3:1-Sieg gegen SV Horn den in der Vereinsgeschichte ersten Aufstieg in die 1974 gegründete Fußball-Bundesliga.

Verfolger Ried half auch ein 3:1-Sieg gegen die OÖ-Juniors nichts mehr – Wattens beendete die Zweitliga-Saison mit 65 Punkten, Ried holte 63. Die Wattener waren von 1968 bis 1971 erstmals erstklassig gewesen, als Teil der National-Liga, die vor der Bundesliga bestanden hatte.

Am Höhepunkt seiner Karriere steht Trainer Tom Silberberger. Er wurde vor dem Spiel als bester Zweite-Liga-Trainer ausgezeichnet und gilt als Übervater des Erfolgs. „Das ist der schönste Tag in meiner Fußballer-Laufbahn", strahlte er. Mit dem neuen Namen WSG Swarovski Tirol soll auch eine Charmeoffensive im Land gestartet werden. „Wir sind nicht nur Wattener, sondern auch Tiroler. Es kamen zuletzt immer mehr Leute aus den Tälern. Ich hoffe, dass wir Sympathien gewinnen", so Silberberger.

Risenjubel bei der Aufstiegsfeier nach dem Sieg vom 1. Juni

Bundesland IN KÜRZE

- „Tirol gibt in Sachen Tourismus und Qualität bundesweit vielfach den Ton an", so Chefredakteur Claus Meinert. Das wird auch vom „A la Carte Restaurant-Guide" bestätigt: Simon Taxacher zählt mit 98 Punkten zur Gourmetspitze.
- Laut demographischen Daten sind Eheschließungen in Tirol wieder voll im Trend. So gaben im vergangenen Jahr 4138 Paare einander das „Ja-Wort". Das ist der höchste Wert seit 20 Jahren, bei „nur" 1159 Scheidungen.
- Wie Peter Freiberger berichtet, nimmt Tirol bei der Bergrettung eine Vorreiterrolle ein. Das Land verfügt über einen Ärztepool: 30 Mediziner sind jederzeit abrufbereit. Landesarzt Sepp Burger hat die Leitung inne.

Regierungsparteien ÖVP und Grüne sowie die NEOS feiern deutliche Zugewinne

Landtagswahl: Daumen hoch

VORARLBERG

SPÖ-Landeschef Martin Staudinger füttert den Briefkasten mit seiner Wahlkarte. FPÖ-Spitzenkandidat Christian Bitschi: „Gegenwind aus Wien war zu stark."

NEOS-Spitzenkandidatin Sabine Scheffknecht darf sich über Zugewinne (1,5%) freuen.

Selten wurde eine Vorarlberger Landtagswahl derart mit Argusaugen aus ganz Österreich beobachtet. Während in Wien noch die spannende Sondierungsphase läuft, hat das Ländle ein Zeichen gesetzt und einer möglichen Koalition von ÖVP und den Grünen Vorschusslorbeeren geschickt.

Die ÖVP mag sich mehr erhofft, ja sogar mit der Absoluten spekuliert haben. Ein deutliches Plus ist es dennoch geworden. Auf den zweiten Platz hat sich der Koalitionspartner der Schwarzen vorgeschoben.

„Die Grünen überholen die FPÖ und zeigen, dass der Juniorpartner in einer Regierung nicht zwingend zerrieben werden und bei einer Wahl verlieren muss", analysiert „Krone"-Innenpolitikexpertin Doris Vettermann das Ergebnis: „Dieses Resultat dürfte wohl vor allem bei Grünen-Chef Werner Kogler und seinem Team, das ja die Sondierungsgespräche mit Ex- und Bald-

Ein klarer Auftrag

Was vor fünf Jahren als politisches Experiment begonnen hat, wurde gestern von den Wählerinnen und Wählern für gut befunden – der schwarz-grünen Koalition ist mit Nachdruck das Vertrauen ausgesprochen worden. Die Bürger haben dabei wohl nicht nur die politische Agenda, sondern auch den gepflegten Stil positiv beurteilt. Vorarlberg ist ein Land mit einer ausgeprägten Konsenskultur, ein Land, wo man sich bei Problemen erst einmal an den Tisch setzt, miteinander redet und gemeinsam nach Lösungen sucht. Volkspartei und Grüne haben es trotz aller Unterschiede in den vergangenen fünf Jahren geschafft, konstruktiv miteinander zu arbeiten, Kompromisse zu schließen, eine gemeinsame Linie zu finden – ohne Untergriffe, ohne Alleingänge, ohne übertriebene Eitelkeiten.

Diese Politik des Konsens war eine Wohltat im Vergleich zu dem, was sich zeitweise auf Bundesebene abgespielt hat. Und diese Politik des Konsens ist die beste Basis für eine Neuauflage von Schwarz-Grün. Landeshauptmann Markus Wallner und seine Partei haben bewiesen, dass sie sehr wohl bereit sind, auf einen kleineren Partner zu hören, den anderen „was gelten" zu lassen. Und die Grünen haben bewiesen, dass sie eine verlässliche Kraft sind, die auch bereit ist, über den eigenen Schatten zu springen.

Diese Flexibilität, diese Dehnbarkeit, diese Kompromissfähigkeit wird auch die kommendenden fünf Jahre ordentlich strapaziert werden. Die Herausforderungen sind größer geworden, die notwendigen Maßnahmen nicht immer populär. Umso wichtiger ist es, Einigkeit zu demonstrieren und das Gemeinsame über das Trennende zu stellen.

In den nächsten Jahren gilt es, dicke Bretter zu bohren: Gleich ob Klimakrise, explodierende Wohnkosten, demografischer Wandel oder Fachkräftemangel – mit kosmetischen Lösungen ist es nicht getan, die Zeiten verlangen nach einer aktiven und mutigen Politik, die sich nicht an Meinungsumfragen, sondern an Notwendigkeiten orientiert.

Markus Wallner wäre gut beraten, neuerlich einen Pakt mit den Grünen zu schmieden. Er wäre aber auch gut beraten, mit allen im Landtag vertretenen Parteien das ehrliche Gespräch zu suchen und etwaige Schnittmengen auszuloten. Die kommende Legislaturperiode wird für die Zukunft Vorarlbergs ganz entscheidend sein – das verlangt nach einem gemeinsamen Kraftakt, für politische Kleinkriege ist da eigentlich kein Platz.

Emanuel Walser

FPÖ stürzt erneut ab SPÖ bleibt einstellig

für Schwarz-Grün!

wieder-Kanzler Sebastian Kurz fortsetzt, größte Aufmerksamkeit erregen."

Wie schon bei der Nationalratswahl stürzt die FPÖ auch in Vorarlberg ab (minus 9,5%). Der Gegenwind aus der Hauptstadt sei zu stark gewesen, als dass man in den zwei Wochen nach der Wahl im Bund noch eine Trendwende einleiten hätte können. Konsequenzen müsse es daher in Wien geben, so der blaue Vorarlberger Spitzenkandidat Christian Bitschi.

Auch der SPÖ erging es im Ländle ähnlich wie im Bund: Sie konnte die enormen Verluste der Blauen nicht in einen Erfolg für die Sozialdemokratie ummünzen. Und wie so oft versucht man sich im Schönreden. Der Vorarlberger SPÖ-Landeschef Martin Staudinger sprach sogar von einer „historischen Trendwende".

Erfolg für die NEOS: Sie erreichten mit Spitzenkandidatin Sabine Scheffknecht 8,5% und somit Klubstatus.

Nach dem klaren Votum, das die Vorarlberger Wählerinnen und Wähler abgegeben haben, durften sich der grüne Spitzenkandidat Johannes Rauch (o.) und Landeshauptmann Markus Wallner (ÖVP) über Zugewinne freuen.

So hat Vorarlberg gewählt

Ergebnis inklusive Wahlkartenprognose (in Prozent, Werte gerundet)

Wahlbeteiligung: **61,3%**, Schwankungsbreite: **0,2%**

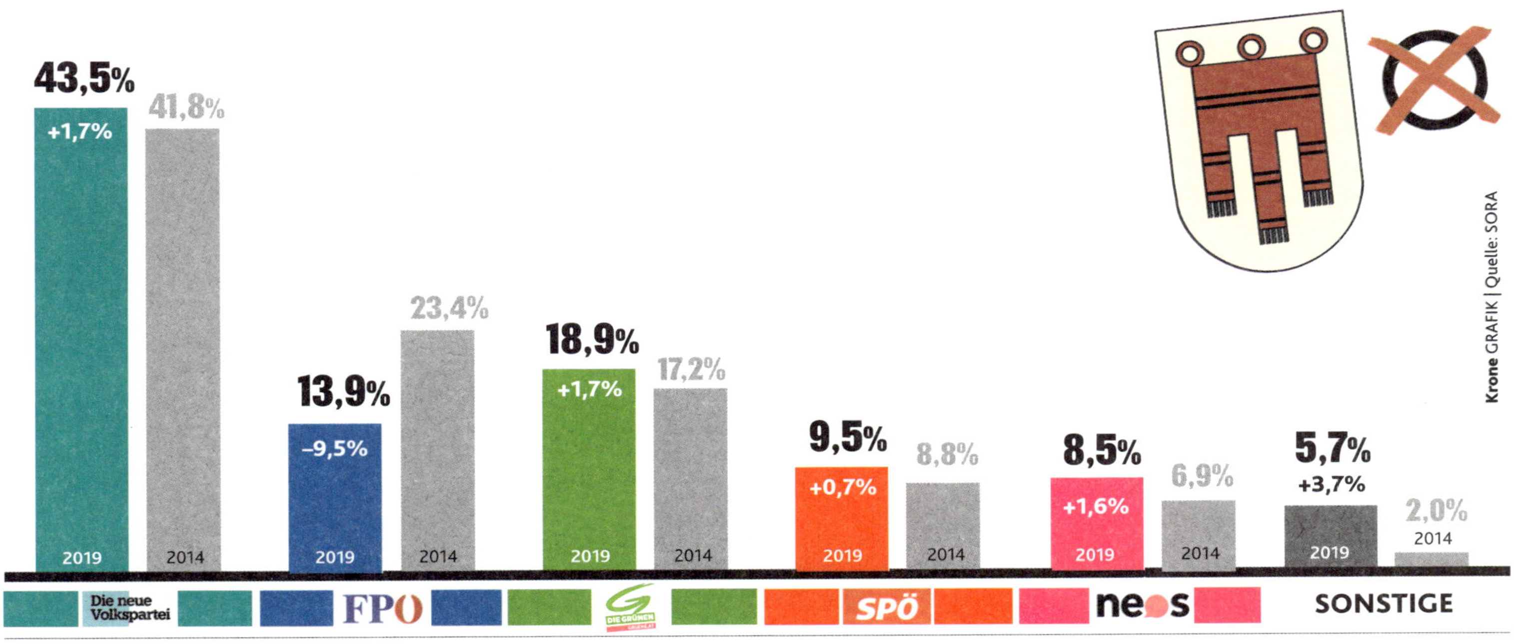

Der Psychiater Reinhard Haller geht in seinem aktuellen Werk dem Bösen auf den Grund.

Gerichtspsychiater Haller im neuen Buch:

„Das Böse existiert auch in uns . . .“

Wie kein anderer lotet der weltberühmte Vorarlberger Gerichtspsychiater Reinhard Haller das Böse und die Destruktivität im Menschen aus! Sein neues Buch – basierend auf Tausenden Stunden intensiver Gespräche mit Schwerstverbrechern – hat durch das Drama von Kitzbühel beklemmende Aktualität erlangt.

„Ich war fast immer erstaunt, wie normal Begegnungen mit Menschen verlaufen sind, die man als Mörder bezeichnet. Kein Einziger hat mir das Gespräch verweigert“, schreibt Haller. „Noch beklemmender eine weitere Menschen-Skizze, basierend auf Interviews mit Verbrechern wie Prostituiertenmörder Jack Unterweger oder dem Bombenleger Franz Fuchs“, so fasst „Krone“-Redakteur Hubert Rauth einen Aspekt des Buches zusammen. „Das Böse existiert in uns, vielleicht im verschatteten Teil der Psyche oder in der Tiefe des Unterbewusstseins.“

Im Interview mit Reporterin Martina Prewein erklärt Haller: „Tötungsdelikte im engsten Umfeld haben stark zugenommen, da die Menschen narzisstischer und kränkbarer geworden sind.“

Bregenzer Festspiele starten mit der

Rigoletto als

Giuseppe Verdis tragisches Vater-Tochter-Schicksal in der Zirkusmanege: Regisseur Philipp Stölzl hat mit dem internationalen Team für Technik und Stunts den Szenen in „Rigoletto“ viel an Intimität genommen und sie in ein buntes Spektakel verwandelt. Auch wenn Dirigent Enrique Mazzola anders denken zu scheint.

„Una storia triste dramatica“, eine triste dramatische Geschichte, eingebettet in ein aufgeregtes Zirkustreiben. „Sie wird zum Spektakel mit buntem Treiben der Akrobaten und Stunts, in dem die tragische Figur des Hofnarren Rigoletto immer wieder verschwindet“, so die klare Kritik von „Krone“-Kulturredakteur Thomas Gabler. Regisseur Stölzl weiß, dass bei Aufführungen für Tausende von Zuschauern etwas geboten werden muss, will überraschen oder vielleicht sogar verzaubern. Dem fortwährenden Spielen auf der Seebühne versucht Dirigent Enrique Mazzola mit den Wiener Symphonikern, dem Prager Philharmonischen Chor und dem Bregenzer Festspielchor Verdis Musik entgegenzuhalten. Solide die Sänger und Sängerinnen, die sich im Rummel als Persönlichkeiten behaupten müssen.

Bei der vorangegangenen Eröffnung mahnte Bundespräsident Alexander Van der Bellen einen sorgsamen Umgang mit der politischen Macht ein und appellierte an die Verantwortung hinsichtlich des Klimawandels.

Stolz auf Inszenierung: Festspielpräsident Hans-Peter Metzler

Bundesland IN KÜRZE

Der Feldkircher Bischof Benno Elbs eröffnet in der Dornbirner Kirche St. Martin das Diözesanforum unter dem Motto „Plan. Los – Kirche umkrempeln und Evangelium wagen!“

Als schönster Mann im Land erhält Rico (Foto) bei der Misterwahl in Hohenems eine Harley Davidson. „Thomas Rotheneder überreicht die Maschine“, so Redakteurin Sandra Nemetschke.

Der Kantonsrat St. Gallen will, dass sich die Schweiz Vorarlberg einverleibt. „Wir haben dieselbe Sprache und eine sehr ähnliche Kultur“, begründet Kantonsrat Martin Sailer seine Idee.

Premiere von Verdis „Rigoletto" auf dem See > Mahnende Worte von Van der Bellen

Clownmonster mit Ballon!

Zirkusstimmung auf dem See (ob.); LH Wallner empfängt Van der Bellen mit Kinderschar – Rede des Bundespräsidenten

Der gestürzte FPÖ-Parteichef Heinz-Christian Strache verteidigt seine Ehefrau gegen Vorwürfe.

Die besten Sprüche 2019

Zum Schmunzeln und zum Nachdenken: Was Prominente im Laufe des Jahres 2019 in der Öffentlichkeit von sich gegeben haben. . .

„Bei allem, was passiert ist, war es gut zu wissen, dass jeder Schritt in der wunderbaren österreichischen Verfassung vorgesehen war."
Bundespräsident Alexander Van der Bellen als ruhender Fels in bewegten politischen Zeiten

☆

„Die Richtung stimmt."
SPÖ-Parteivorsitzende Pamela Rendi-Wagner sieht nach dem historisch schlechtesten Wahlergebnis trotzdem die richtige Themenwahl.

☆

„Wenn die Türkei irgendetwas unternimmt, was ich in meiner großartigen und unvergleichlichen Weisheit für tabu halte, werde ich die türkische Wirtschaft vollständig zerstören und auslöschen."
US-Präsident Donald Trump sorgt auf Twitter wieder einmal für ungläubiges Staunen.

☆

„Vielleicht würden Sie besser wissen, was ich tun sollte, als ich das selbst weiß."
Sebastian Kurz auf eine provokante Frage am Wahlabend im deutschen TV-Sender ZDF mit „heute journal"-Moderator Claus Kleber

☆

„Ich bin nicht als Frühstücksdirektor gekommen."
Der neue Notenbank-Gouverneur Robert Holzmann im Interview mit dem stellvertretenden „Krone"-Chefredakteur Dr. Georg Wailand

☆

„Es ist beängstigend schön."
Grande Dame Dagmar Koller zu ihrem 80. Geburtstag

„Noch zwei Fragen, für die zweite verrechnen wird dann extra."
Ein launiger Chef der Billigfluglinie Ryanair, Michael O'Leary, bei einer Pressekonferenz in Wien

☆

„Verhältnis ist zerrüttet."
Blauer Frontmann Norbert Hofer über sein Verhältnis zu Vorgänger H.-C. Strache

„Ich habe in meinem Leben nie etwas als Krise empfunden, immer nur als Aufgabe und Herausforderung."
TV-Altmeister Peter Rapp in „Stöckl"

☆

„Es kann ja nicht sein, dass unsere Kinder nach Wean fahren und als Grüne zurückkommen. Wer in unserem Haus schlaft und isst, hat auch die Volkspartei zu wählen."
ÖVP-Klubchef August Wöginger in einem Interview mit dem „Standard"

☆

„Sie können beileibe nicht vorhersehen, dass einer Ihrer Stars plötzlich den englischen Prinzen heiratet."
„Suits"-Drehbuchautor Aaron Korsh über das Serien-Aus von Meghan Markle

☆

„Sie war jeden Cent wert."
Der gefallene FPÖ-Parteichef Heinz-Christian Strache verteidigt seine Ehefrau Philippa glühend gegen Kritiker ob ihres hohen Gehaltes.

☆

„Statt Kabarett gibt es ausverkaufte Stadien, die Programme spielen, die wild gewordene Hausfrauen für Theater halten."
Der deutsche Schauspieler und Kabarettist Ottfried Fischer hält nicht viel von heutiger Comedy.

„Nicht immer so schwindeln, das ist ein Problem."
Grünen-Chef Werner Kogler kritisiert das Unterschieben von Zitaten.

☆

„Es ist keine Schande, weniger Schmäh zu haben als Michael Häupl."
Wiens Bürgermeister Michael Ludwig über den eigenen Unterhaltungswert

☆

„Ist das wahr?"
Peter Handkes erste Reaktion auf die Verleihung des Literaturnobelpreises in einem Telefonat mit dem Vorsitzenden des Komitees der Schwedischen Akademie, Anders Olsson

Grande Dame Dagmar Koller feiert den 80er.

Ruhepol: Bundespräsident Van der Bellen

Die Jury des „World Press Photo"-Wettbewerbs hat sechs Fotografen für das beste Pressefoto des Jahres nominiert. Nach der bewegenden Reportage unseres Umweltredakteurs Mark Perry über die brutalen Methoden der Wilderer in Afrika hat unsere Redaktion das Foto des Südafrikaners Brent Stirton zum beeindruckendsten Bild des Jahres erkoren. Der Künstler hielt in seinem Portrait Petronella die mutige Wildhüterin Chigumbura fest. Sie ist Mitglied der Elitetruppe Akashinga und schützt im Nationalpark Phundundu in Simbabwe die Wildtiere vor den feigen Angriffen der Wilderer.

PERSONENREGISTER

Ağca, Ali 45
Aguilera, Christina 63
Aigner, Raimund 9
Akihito, Kaiser von Japan 41, 57
Alaba, David 32, 96
Alexander, Hildegard 15
Alexander, Michael 15
Alexander, Peter 15
Ali, Mahershala 20
Amador, Juan 33
Apuron, Anthony 41
Archie Harrison Mountbatten-Windsor 57
Ardern, Jacinda 30
Armstrong, Neil 43
Arnautovic, Marko 32, 34, 71, 96
Aschenwald, Philipp 19
Assange, Julian 41
Auer, Hansjörg 40
Aurelius 52

Bachmann, Lisa 25
Baldauf, Dominik 19
Bassett, Angela, 20
Bauer, Michael 114
Baumgartner, Felix 49
Beatles 43
Becker, Boris 97
Bellen, Alexander Van der 24, 25, 49, 52, 54, 87, 93, 95, 136, 137, 138
Benedikt XVI., Papst 49
Bernhard, Paul 60
Bezos, Jeff 13
Bezos, Mackenzie 13
Bickel, Bernd 20
Biden, Joe 94
Bierlein, Brigitte 51, 54, 55, 72, 87, 93
Birli, Nathalie 74
Bischofberger, Conny 67, 92
Bischofberger-Mahr, Alexander 130
Bitschi, Christian 134, 135
Boettcher, Gritt 66
Bolsonaro, Jair 79, 87
Boran, Alfred 21, 66
Borg, Björn 86
Brandl, Gregor 84, 98
Brieger, Robert 100
Brown, Louise Joy 45
Brüggeler, Moni 132
Budin, Christoph 5, 30, 88
Burgstaller, Stefan 28
Bush, George W. 48

Catherine, Herzogin von Cambridge 49
Chalupka, Michael evangelischer-lutherischer Bischof 95
Chigumbura, Petronella 139
Cikota, Stefan 99
Clay, Cassius 43
Close, Glenn 9
Colman, Olivia 20
Conchita, siehe Neuwirth, Tom
Craig, Daniel 68
Crepaz, Franz 106
Cruz, Penélope, 49

D'Ambrosio, Jérôme 35
Dabbur, Munas 32
Danko, Andrej 15
Davis, Gustav 52
Dayan, Moshe 43
Dedagic, Maida 101, 104
Delon, Alain 45
Diana, Prinzessin von Wales 46
DiCaprio, Leonardo 76, 79, 118, 119
Dichand, Christoph 5, 42, 99, 108, 119
Dichand, Hans 5, 42, 45, 98
Djokovic, Novak 75
Doskozil, Hans Peter 28, 33, 110, 111
Dovzioso, Andrea 81
Draxler-Zima, Alexandra 15
Drozda, Thomas 92
Dungl, Willi 98
Dürr, Johannes 19

EAV 89
Ebeert, Christian 62
Eberhartinger, Klaus 89
Eder, Michael 96
Eichmann, Adolf 43
Elbs, Benno Bischof 136
Elizabeth II., Königin von England 13, 23, 60
Entenfellner, Maggie 95, 108
Epstein, Jeffrey 81
Erdoğan, Recep Tayyip 60, 64, 65
Errell, Almeda 15
Errell, Gary 15
Exel, Martin 76
Exel, Wolfgang 98
Eyvazov, Yusif 24, 25, 70

Fahrafellner, Dietmar 109
Fahrnberger, Fritz 106
Fair, Jonathan 15
Fairweather, Emma 13
Falco, siehe Hölzel, Hans
Fankhauser, Wolfgang 101
Faßmann, Heinz 11
Federer, Roger 75, 86
Fischer, Helene 8
Fischer, Ottfried 138
Fleming, Ian 43
Foda, Franco 32, 96
Fognini, Fabio 86
Fogo, Nikisha 32
Fonda, Henry 78
Fonda, Jane 78
Fonda, Peter 78
Forstner, Julia 39
Franziskus, Papst 49
Frauneder, Peter 19, 76
Frederiksen, Mette 70
Freiberger, Peter 40, 133
Freistetter, Werner Bischof 98, 118
Fritz, Harald 38
Fuchs, Franz 47, 136

Gaál, Kathrin 21, 102
Gabalier, Andreas 22, 87
Gabler, Thomas 70, 136
Gagarin, Juri 43
Galijašević, Dževad 82
Gantner, Christoph 122
Garros, Roland 67
Gassler, Markus 67, 131, 132
Gergely, Kálmán 25, 63
Gerwen, Michael van 85
Gfrerer, Familie 128
Giger, Toni 34
Ginner, Michael 8
Girtler, Roland 67
Glaßner, Christina 108
Gmeiner, Hermann 25
Gödel, Gabriela 20
Gödl, Siegfried 117
Goffin, David 133
Gorbatschow, Michail Sergejewitsch 46
Görgl, Lizz 56
Gott, Karel 97
Gottschalk, Thomas 89
Graf, Edda 33, 87
Grammer, Karl 113
Gratzl, Tanja 110
Graupe, Friedrich 45
Gridling, Peter 82
Großbauer, Maria 24
Grubinger, Martin 127
Gudenus, Johann 52, 54
Guevara, Che 43
Guggenberger, Engelbert 118
Gullen, Joanne 35
Gürtler, Elisabeth 7

Habeler, Peter 40
Habersatter, Christian 100
Habsburg, Eleonore 35
Habsburg-Lothringen, Karl von 35, 88
Hager, Josef 16
Hahn, Gio 74
Haider, Jörg 48
Haidinger-Neumayer, Susanne 15
Haimbuchner, Manfred 124
Hainzl, Georg 47
Haller, Reinhard 136
Hamilton, Lewis 94
Handke, Peter 95, 138
Harry, Prinz Herzog von Sussex 57
Haselwanter, Anna 15
Hauenstein, Christian 65, 94
Hauer, Hermann 109
Hauke, Max 19

Häupl, Michael 103, 138
Hausberger, Michael 28
Hayböck, Michael 19
Haydn, Joseph 112
Hebein, Birgit 101
Hehn, Sascha 66
Heilingbrunner, Gerhard 45
Herrmann, Klaus 54, 108
Herzog, Andreas 32
Hirscher, Marcel 17, 18, 34, 76
Hirz, Gottfried 123
Hitz, Florian 29, 99
Hofbauer, Gerald 84
Hofer, Norbert 52, 53, 90, 93, 138
Hofstetter, Alex 18
Holch Povlsen, Anders 40
Hölzel, Hans 47, 85
Holzmann, Robert 138
Horn, Gyula 46
Hoschek, Lena 60
Huber, Daniel 19
Huber, Heinz 106
Huber, Martin 113
Huber, Patrick 111
Hubmer, Christian 125
Hundstorfer, Rudolf 83
Hussein, Saddam 48

Imamoğlu, Ekrem 60, 64, 65

Jackson, Michael 26, 28
Jakob, Abt von Mar Behnam 74
Jeannée, Michael 84
Jinping, Xi 15, 87
Johannes Paul II., Papst 45, 49, 75
Johannes XXIII., Papst 43
Jones, Jim 45
Jong-un, Kim 15, 49
Juncker, Jean-Claude 21, 74
Jungbauer, Sebastian 109
Jürgens, Udo 43, 49

Kaczyński, Jaroslaw 97
Kadr, Abdel 23
Kampusch, Natascha 49
Kardashian, Kim 16
Karnasuta, Premchai 35
Kasatkina, Tatjana 56
Kennedy, John F. 42
Kern, Christian 72, 92
Keszler, Gery 60
Ketema, Lemawork 38
Kickl, Herbert 52, 53, 54, 90
King, Larry 83
King, Regina 20
Kipchumba, Vincent 38
Kiprop, Nancy 38
Kitzmüller, Christian 124
Klammer, Franz 44
Kleber, Claus 138
Klima, Sonja 7
Klima, Viktor 7
Klöbl, Peter 32
Klopp, Jürgen 67
Knittelfelder, Klaus 9, 93
Köck, Richard 58
Kogler, Werner 91, 92, 93, 134, 138
Koller, Dagmar 60, 138
Körmer, Beatrice 39
Körner, Julia 20
Korsh, Aaron 138
Köstinger, Elisabeth 6, 9, 20, 39
Kraft, Stefan 19
Kraml, Thomas 56
Kraus, Karl 64
Kreisky, Bruno 43
Krisch, Christina 76
Krisper, Monika 117
Kubicek, Isabella 102
Kuhn, Gustav 132
Kunasek, Mario 14
Kunun, Rahaf Al 12
Kurz, Sebastian 9, 16, 21, 25, 49, 50, 51, 52, 53, 54, 72, 90, 91, 93, 103, 135, 138
Kuzmick, Rudolf 116
Kyung-wha, Kang 63

Lacotte, Pierre 32
Laden, Osama bin 47, 48
Lady Gaga 9
Lagerfeld, Karl 16
Lama, David 40
Lang, Anton 117
Láng, Oliver 64
Larocque, Roger 41
Lassnig, Matthias 62
Lauda, Niki 44, 46, 58, 67
Leichtfried, Jörg 67
Lennon, John 45
Leopoldsberger-Pribil, Marie-Therese 25, 95
Leyen, Ursula von der 74
Licht, Vanessa 39
Liensberger, Katharina 18
Lindner, Heinz 32
Lino, Irina 118
Linston, Sonny 43
Lischka, Vera 85
Littmann, Klaus 118, 119
Löger, Hartwig 54
Lohner, Chris 60
Loibnegger, Klaus 22, 59, 82
Lomonossow, Michail Wassiljewitsch 82
Lovric, Antonio 126
Ludwig, Michael 60, 103, 138
Lugner, Richard 25
Lusetzky, Lukas 106, 108
Lynch, Lashana 68

Machtlinger, Robert 67
Macpherson, Elle 25
Macron, Emmanuel 36, 74, 79
Maislinger, Christian 72
Malek, Rami 20
Mangayamma, Erramatti 85
Manker, Paulus 64
Maria Theresia, Erzherzogin von Österreich 51
Márquez, Marc 81
Matt, Michael 17, 18
Matzl, Christoph 5, 39
Mazzola, Enrique 136
Meghan, Herzogin von Sussex 57, 138
Meinert, Claus 67, 133
Meinl-Reisinger, Beate 90
Merkel, Angela 21, 67, 70
Meyen, David Christopher 45
Meyer, Dominique 24, 41
Mezei, Hannelore 98
Miehl, Christoph 113
Mießner, Harald 15
Mikl-Leitner, Johanna 106, 107, 108
Mitter, Christian 34
Mladenovic, Kristina 67
Mock, Alois 46
Moga, Nicolae 75
Mohammed bin Raschid Al Maktoum, Scheich von Dubai 83
Moiseev, Maksim 56
Moizi, Peter 67
Monroe, Marilyn 43
Moon, Jea-in 49
Moretti, Tobias 70
Moser, Andreas 131
Mösslacher, Hannes 119
Mozart, Wolfgang Amadeus 112
Mugabe, Robert 89
Mujanayi, Melissa 100
Müller, Hermann 99
Münzer, Martina 11, 104

Nachbar, Elisabeth 71, 120
Nadal, Rafael 67, 86
Nadler, Annalisa 126
Naruhito, Kaiser von Japan 57
Nemeth, Tibor 112
Nemetschke, Sandra 136
Nenning, Günther 45
Netrebko, Anna 24, 25, 70
Neumayer, Kerstin 15
Neuwirth, Tom 24
Nickolson, Jack 78
Niederl, Manfred 74
Niemöller, Christoph 108
Niessl, Hans 110
Nixon, Richard 45
Nykänen, Matti 25

O'Leary, Michael 138
Obama, Auma 24, 25
Obama, Barack 24, 48
Obama, Michelle 48
Oberhauser, Sabine 111
Obiang, Teodorin 89
Obwexer, Walter 67
Oesch, Julia 132
Oh, Sandra 9
Olsson, Anders 138
Orlandi, Emanuela 75
Oswald, Lee Harvey 42
Ott, Elfriede 65
Ötzi 47

Pachner, Jürgen 122
Pænda 59
Palfrader, Beate 132
Pándi, Claus 127
Papacek, Oliver 67
Paul VI., Papst 43
Pedneault, Nicole 41
Pelosi, Nancy 94
Pernkopf, Stephan 109
Perry, Mark 139
Peschorn, Wolfgang 55

Petritsch, Alexander 116
Petzner, Stefan 56
Pfeil, Valentin 38
Philip, Herzog von Edinburgh 13
Pilcher, Rosamunde 23
Pilz, Peter 90, 91
Pirker, Katharina 8
Pitt, Brad 76
Platter, Günther 132
Pöchinger, Werner 123
Podgorschek, Elmar 124
Podolak, Karin 98
Pokorny, Oliver 114
Pollak, Christian 32
Poltoranin, Alexei 19
Pommer, Michael 103
Poroschenko, Petro 94
Poyer, Josef 73, 107
Preiner, Verena 97
Presley, Elvis 44
Pressley, Jermaine 59
Pressley, Nadeja 59
Prewein, Martina 19, 83, 130, 136
Priklopil, Wolfgang 49
Prokop, Gunnar 59
Pröll, Erwin 76
Prusch, Karin 117
Pum, Hans 34
Putin, Wladimir 87

Qualtinger, Helmut 67

Rachlé, Christian 98
Rackete, Carola 68
Rahimi, Hossein 25
Ramsauer, Sandra 21, 50, 66
Rapp, Peter 138
Ratz, Eckart 55
Rauch, Johannes 135
Rauter, Robert 100
Rauth, Hubert 131, 136
Rebernig, Bernhard 120
Reed, Dan 26, 28
Reid, Christian 88
Reinthaler, Manfred 62
Rendi-Wagner, Pamela
28, 90, 92, 111, 138
Richter, Anja 19
Ricker, Ed 36
Rindt, Jochen 43
Rinpoche, Chökyi Nyima 88
Robson, Wade 26, 28
Rohrer, Eva 98
Rolling Stones 43
Roschitz, Karlheinz 70
Rose, Marco 34
Rosenzopf, Christian 118
Roskelley, Jess 40
Rotheneder, Thomas 136
Ruby, Jack 42
Russwurm, Vera 76
Ruzowitzky, Stefan 49

Sabah al-Ahmad al-Dschabir
as-Sabah, Emir von Kuwait 127
Safechuck, James 26, 28
Sailer, Martin 136
Sailer, Toni 18
Salvini, Matteo 68
Sanakkayala, Umashankar 85
Sánchez, Ilich Ramírez „Carlos“ 45
Sánchez, Lauren 13
Sanderson, Xsara 41
Sarkissova, Karina 41, 56
Scheffknecht, Sabine 134, 135
Schenz, Norman 25, 88
Schickhofer, Michael 115
Schieder, Sandra 66, 67, 93
Schlecker, Anton 41
Schlecker, Lars 41
Schlecker, Meike 41
Schmidauer, Doris 25
Schmidt, Mark 19
Schmitzberger, Rudolf 120
Schmoll, Josef 16
Schmuckenschlager, Johannes 107
Schnaderbeck, Viktoria 34
Schneider, Romy 45
Schneider, Silvia 87
Schönborn, Christoph Kardinal 33, 57
Schönherr, Alexander 105
Schottenberg, Michael 56
Schranz, Karl 43
Schröcksnadel, Peter 18, 19
Schüssel, Wolfgang 93
Schütz, Markus 125
Schützenhöfer, Hermann 114, 115
Schützenhöfer, Josef 76
Schwab, Alexander 120
Schwaiger, Gerald 117
Schwarz, Alois Bischof 118
Schwarz, Marco 17, 18
Schwarzjirg, Sasa 25
Seidenberger, Marion 124
Seinitz, Kurt 21
Seisenbacher, Peter 84
Seitel, Thomas 8
Selenskij, Wolodimir 59, 67, 94
Sellner, Martin 31
Shangkun, Wang 11
Sherpa, Kami Rita 59
Shieff, Tim 35
Shiffrin, Mikaela 18
Sichrovsky, Heinz 95
Silberberger, Tom 133
Silbereisen, Florian 8, 66
Sima, Ulli 75
Southwick-King, Shawn 83
Spira, Elizabeth T. 35
Spitzbart, Markus 98
Spitzer, Thomas 89
Stadler, Matthias 108
Starhemberg, Ernst Rüdiger
Graf von 30
Starlinger, Thomas 78, 100
Staudinger, Martin 134, 135
Steigberger, Thomas 108
Steiner, Clara Milena 118
Steiner, Jasmin 131
Steinkellner, Günther 123
Steinkogler, Stefan 67
Stelzer, Thomas 124
Stirton, Brent 139
Stock, Jürgen 23
Stockhammer, Lisa 125
Stockhammer, Nicolas 99
Stöckl, Barbara 6, 14
Stöger, Peter 75
Stölzl, Philipp 136
Strache, Heinz-Christian 5, 9, 51,
52, 54, 92, 97, 138
Strache, Philippa 92, 97, 138
Struzynski, Michael 130
Stuni, Adrijan 82
Suljović, Mensur 85
Sullenberger, Chesley 83
Szyszkowits, Stefan 106, 107

Tammjärv, Karel 19
Tarantino, Quentin 76
Tarrant, Brenton 30, 31
Tass, Amélie van 41
Taxacher, Simon 133
Teese, Dita von 60
Ten, Thommy 41
Thiem, Dominic 60, 67, 86, 133
Thier, Susanne 25
Thunberg, Greta 26, 34, 86
Tichy-Martin, Britta 117
Toninelli, Danilo 73
Toperczer, Heinz 27
Traby, Jakob 114, 116
Traina, Trevor 21
Trump, Donald 15, 21, 22, 60,
61, 81, 87, 94, 138
Tscheplanowa, Valery 70
Tsitsipas, Stefan 86

Unterweger, Jack 47, 136

Valeskini, Gerhard 6, 108
Veerpalu, Andreas 19
Verdi, Giuseppe 136
Vettermann, Doris 93, 134

Wagner, Astrid 83
Wagner, Philipp 104
Wailand, Georg 138
Waldheim, Kurt 43, 45
Wallner, Karl Pater 98, 99
Wallner, Markus 134, 135, 137
Walser, Emanuel 134
Waltz, Christoph 49, 68
Wang, David 71
Wassermann, Kerstin 121
Weck, Peter 86
Weigerstorfer, Ulla 44
Weißhaidinger, Lukas 97
Wiesberger, Bernd 97
Wiesenthal, Simon 43
Wieser, Luca 84
Wieser, Tino 84
Wiesinger, Susanne 25
William, Herzog von Cambridge 49
Winfrey, Oprah 28
Wöginger, August 138
Wrabetz, Alexander 6
Wunderbaldinger, Veronika 108

Yusupov, Damir 83

Zavarsky, Clemens 74
Zeiler, Gerhard 92
Zilk, Helmut 47, 98
Zivkovic, Daniela 125
Zsifkovics, Ägiduis Bischof 110
Zverev, Alexander 86

BILDNACHWEIS

Alexander Tuma, Umweltministerium, Reuters, AP, People Picture, AFP, EPA, Krone-Archiv, Patrick Lechner, Christoph Matzl, SEPA, Holiday on Ice, REUTERS, Barbara Stöckl, Elmar Gubisch, Roland Holitzky, Toppress, Agency People Image, GEPA, You Tube, Bulent Cilic, Barbirad Picture, Wade Robson, Heinz Toperczer, Mattel, Viennareport, Stefan Burgstaller, Own Network, Wiener Staatsballett, Israelischer Fußballverband, Roman Zach-Kiesling, APA-Picture-Desk, ORF, Christian Mayerhofer, Christian Herzenberger, Vanessa Licht, GLOBAL 2000, Polizei Ungarn, Hansjörg Auer, Wiener Linien, Bernhard J. Holzner, Edwin Walter, Daniel Liebl, Andreas Tischler, Karl Schöndorfer, Virgil Simonescu, Ellen Von Unwerth/Galore Magazin, Voest, Sebastian Kreuzberger, Chan Thean Chi, Markus Wenzel, ZDF, Sea Watch, Shanghai SIPG, Polizei, Clemens Zavarsky, Greenpeace Österreich, Sony Picture, Bundesheer HBF, Konrad Lagger, Martina Prewein, Getty Images, Palmers, Guntur Spital, Luks Charwat, Andreas Graf, Servus TV, Georg Diener, Missio Österreich, ASFINAG, Galerie Westlicht, DPA, Florian Pessentheiner, Manfred Fesl, Werner Pöchinger, Flughafen Salzburg, Salzburger Festspiele, Georg Köchler, Alexander Bischofberger-Mahr, Felix Obermoser, HMC Hamann, Daniel Liebl, Bernd Hofmeister, Bregenzer Festspiele, Dietmar Stiplovsek, Ecowin, Maurice Shourot

KRONE **(Grafik, Archiv und Fotografen)**

Reinhard Judt, Klemens Groh, Martin A. Jöchl, Erwin Jannes, Andi Schiel, Peter Tomschi, Christof Birbaumer, Sepp Pail, Andreas Fischer, Markus Schütz, Gerhard Gradwohl, Franz Crepaz, Uta Rojsek-Wiedergut, Markus Tschepp, Reinhard Holl, Christian Jauschowetz, Andreas Graf, Andreas Tröster, Chris Koller, Christian Schulter, Christoph Gantner, Christian Kitzmüller, Franz Neumayr, Evelyne Hronek, Imre Antal, Reinhard Hörmandinger, Gabriele Moser, Kristian Bissuti, Gerhard Bartel, Johannes Zinner, Alexander Schwab, Christian Forcher, Monika Brüggeler, Dietmar Mathis, Lisa Mathis, Johannes Zinner

SCHUTZUMSCHLAG

Gerhard Gradwohl, EPA, APA Picture Desk, AP, GEPA, Alexander Tuma (Starpix), Sepp Pail, Vienna Press

☆

Für die Mitarbeit danken wir unseren Kollegen, den Kolumnisten, Redakteuren, Reportern, Fotografen, dem Grafik-Team und den Karikaturisten der „Kronen Zeitung".

Insbesondere der ebenso unermüdlichen wie kreativen „Krone"-Layouter-Mannschaft Hermann Müller, Christian Wawra und Herbert Kocab sowie unserem sorgfältigen Archivar Martin Kriegel.

Dank auch an das Ueberreuter-Team, stellvertretend an die Koordinatorinnen Gisela Glöckler, Marina Hofinger und Birgit Francan, die auch als eifrige Buchstabenengel dem Druckfehlerteufel einen heroischen Kampf geliefert haben.

Christoph Matzl & Christoph Budin

ZUM SAMMELN UND SCHENKEN

SCHLAGZEILEN 2019

„Schlagzeilen, die Österreich bewegten" so hieß 1990 der erste „Krone"-Band, der 90 Jahre österreichische Geschichte aus journalistischer Sicht porträtierte. Ein Pilotprojekt mit Riesenerfolg und „Kindern": Mittlerweile gehören die Jahresrückblicke, aufgearbeitet in der vertrauten Form täglicher Zeitungsseiten, schon zur Tradition. Eine Rückschau im Jahresrhythmus heißt Chronologie, Chronologien aneinandergereiht werden Geschichte, alles zusammen ist unser Leben. Mit dem vorliegenden Band, mittlerweile der 30. in dieser Reihe, verlieren die Jahreszahlen ihre Anonymität und werden gewissermaßen zum Tagebuch des Selbst- und Miterlebten, ein Nachschlagewerk für die ganze Familie, ein Sammlerstück. Ein Buch der Erinnerungen, in dem es den Autoren gelungen ist, Unterhaltung und Weltpolitik, Skandale und Kuriositäten, große und kleine Schlagzeilen einander so ausgewogen gegenüberzustellen, dass trotz aller Gräuel und Schrecken des vergangenen Jahres auch Optimismus, Hoffnung und Erfreuliches vermittelt werden.

Kronen Zeitung